はじめての

ホワイトボード
アニメーション®

心をつかむ動画が誰でも簡単につくれる！

金井雄三 Yuzo Kanai

日本実業出版社

はじめに

　本書を手に取ってくださったあなたは、「ホワイトボードアニメーション」をご存じですか？　YouTubeやウェブ広告で見たことがあるという方も多いでしょう。
　ホワイトボードアニメーションとは、目の前で絵や文字を描いている様子を見ているような体験をしてもらうアニメーション表現です。海外ではすでに絶大な人気を誇りますが、日本ではまだ認知度がそれほど高くありません。ですがそれは、目新しい表現方法であり、計り知れない魅力があるということでもあります。
　私は10年以上にわたってホワイトボードアニメーションをつくり続け、多くのクライアント様から感動の声をいただいてきました。そして今回、その魅力を多くの方に知ってもらいたいと考え、本書を執筆しました。

　本書は、はじめてホワイトボードアニメーションを制作する方に向けて、活用方法から制作技術までを解説しています。シナリオや絵コンテについても詳述しているため、はじめての方でも迷わず制作していただけるでしょう。
　また、100円ショップで購入できる道具を使って気軽に始められる「アナログ版」の制作方法と、より複雑で洗練された作品に仕上がる「デジタル版」の制作方法の2つを紹介しています。目的やご自身のスキルなどに合わせて、選択してみてください。
　巻末には、アニメーションづくりのヒントとなる多くの作品事例を掲載しています。

　本書を通じて、ホワイトボードアニメーションの魅力と可能性を感じていただき、あなたの表現の幅が広がれば幸いです。
　さあ、一緒にホワイトボードアニメーションの世界を探検しましょう。

金井雄三

はじめてのホワイトボードアニメーション
もくじ

はじめに

アナログ版とデジタル版ってどう違うの？　　008

第1章
そもそもホワイトボードアニメーションってどういうもの？

- **1** 実は身近で効果的な動画「ホワイトボードアニメーション」……… 012
- **2** 実証実験で証明されているホワイトボードアニメーションの効果 ……… 015
- **3** ホワイトボードアニメーションのほかにはない特徴 ……… 016
- **4** ホワイトボードアニメーションが活きる分野を知って利用してみよう ……… 020

CONTENTS

第2章
シナリオを用意しよう

1	ホワイトボードアニメーションにおけるシナリオの役割	024
2	10個の構成要素をヒントにシナリオをつくろう	029
3	10の構成要素をもとにした代表的な構成パターン	034
4	コアメッセージが伝わるシナリオを書いてみよう	040

第3章
絵コンテを用意しよう

1	ホワイトボードアニメーションにおける絵コンテの役割	052
2	絵コンテを構成している5つの要素とその役割	054
3	クオリティーを左右する絵コンテ作成の注意点	056
4	うまくまとまった絵コンテが誰でもつくれる3ステップ	057
5	ステップ1　コマ設定をして全体の流れを整える	058
6	ステップ2　ラフイラストをつくって描画内容を決める	060
7	ステップ3　描く順番と描かれ方を決めて絵コンテを仕上げる	064

| 8 | 完成した絵コンテを確認してみよう | 066 |

第4章
アナログ版
ホワイトボードアニメーションを制作しよう！

1	アナログ版ホワイトボードアニメーション制作とは	072
2	**素材集め❶**　ナレーション素材	074
3	**素材集め❷-1**　イラスト動画素材の「道具の準備」	080
4	**素材集め❷-2**　イラスト動画素材の「撮影準備」	086
5	**素材集め❷-3**　イラスト動画素材の「描画・撮影」	093
6	**素材集め❸**　BGM・効果音素材	102
7	撮影した動画を編集する	106
8	編集した動画を出力する	124
9	知っておくと便利なVNの操作方法	126

第5章

デジタル版
ホワイトボードアニメーションを制作しよう！

1	デジタル版ホワイトボードアニメーション制作とは	130
2	VideoScribeの操作方法～基本の基本をおさえよう～	132
3	ステップ1　ナレーション音声を取り込む	151
4	ステップ2　イラスト・文字素材の配置・調整	153
5	ステップ3　カメラ設定・時間設定・アニメーション表現設定	164
6	ステップ4　"手"の設定～アニメーションを演出する～	173
7	ステップ5　BGM設定～BGM素材を取り込む～	176
8	ステップ6　出力～形式を選択して出力する～	178
9	応用編❶　イラスト素材を外部で探す方法	180
10	応用編❷　イラスト制作ソフトでカスタムイラストを制作する	182
11	応用編❸　ナレーション素材の準備方法	193
12	応用編❹　ナレーション素材の収集方法	197
13	応用編❺　BGM素材の準備方法	207

読者特典　サンプルデータのダウンロード方法　212

巻末付録

Sample1　テンポ感が抜群な自己紹介動画　214
Sample2　ダイナミックなカメラ移動で一目瞭然な広告動画　215
Sample3　シーン展開が魅力的な広告動画　216
Sample4　ビジュアルとストーリーで複雑な情報をクリアに伝える説明動画　217
Sample5　ストーリーが秀逸な説明動画　218
Sample6　1メッセージを極めた教材動画　219

GLOBIS 学び放題での活用事例　220
大田区環境清掃部環境計画課での活用事例　221

おわりに

カバーデザイン／沢田幸平
カバー画像／ゼブラクリエイト株式会社
本文イラスト／林田小百里
本文DTP／一企画

※「ホワイトボードアニメーション」は金井雄三（ゼブラクリエイト株式会社）の登録商標です。

アナログ版とデジタル版って どう違うの？

　本書では、「アナログ版」と「デジタル版」という2種類のホワイトボードアニメーションの制作方法を紹介します。それぞれの違いを理解したうえで、あなたに合った方法を選択して、動画づくりに挑戦してみてください。

▶ アナログ版

実際にホワイトボードに手書きで絵を描き、その過程を撮影して編集する方法です。「ホワイトボードアニメーション」という名前ではありますが、実写動画を指します。

▶ デジタル版

デジタルイラストにアニメーションを設定し、あたかも手で描いているように見せる方法です。本書では、「VideoScribe」というソフトを使った制作方法を紹介します。

▶ アナログ版とデジタル版それぞれのメリット・デメリット

	アナログ版	デジタル版
メリット	・表現の自由度が高い ・親しみやすい ・デジタル時代に希少性がある	・修正が簡単 ・表現のバリエーションが豊富 ・撮影不要で環境に影響されない
デメリット	・修正には再撮影が必要 ・撮影環境に注意が必要(明るさ、ボードの大きさなど)	・手書きの質感を再現しにくい ・編集ソフトの使い方を習得する必要がある
コスト面	・ほとんどの道具を100円ショップで揃えられる ・編集アプリ「VN」は無料で使用できる	・ソフトウェアの使用料金が月額制のものが多い ・継続的にコストがかかる

　アナログ版は、実際にホワイトボードに手で書くので、温かみがあり、リアルな印象を伝えやすいのが特徴です。デジタル版は、イラストにアニメーションを加えて、手書きのように見せる方法で、修正が簡単で表現の幅も広がります。
　どちらにもよさがありますので、自分の目的に合わせて、ぴったりの方法を選んでみてください。

● どちらを選んだらよいか迷ったら
　ホワイトボードアニメーションの制作方法は複数ありますが、まずは、あなたが始めやすい方法を選びましょう。パソコンの操作があまり得意ではない方は、スマホでできるアナログ版の制作をおすすめします。クオリティーの高さを重視する場合は、デジタル版を制作してみましょう。
　次ページの選択フローも、参考にしてみてください。

▶ホワイトボードアニメーション制作を始めたい方の選択フロー

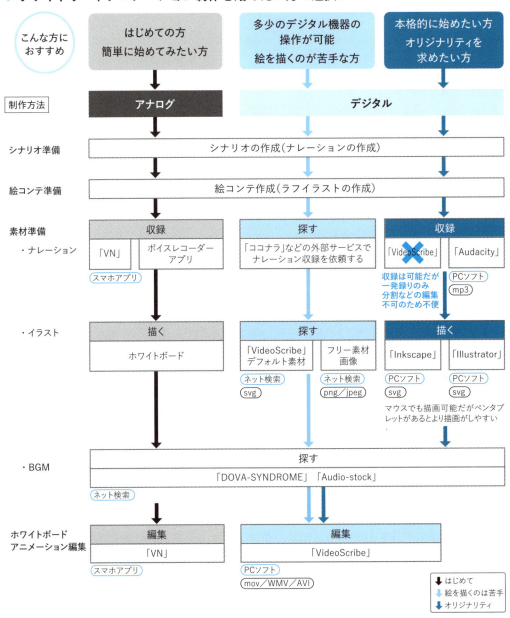

第1章

そもそもホワイトボードアニメーションってどういうもの？

1 実は身近で効果的な動画「ホワイトボードアニメーション」

　ホワイトボードアニメーションとは、誰かがあたかも目の前で、絵や文字をホワイトボードに描いている様子を見ているような体験をしてもらう**アニメーションの表現技法**です。実際は描く場所がホワイトボードでなくても、何かを描くプロセスを見せるものであればホワイトボードアニメーションと言えます。

　多くの方がイメージする「アニメ」と大きく異なるのは、描いているペン（筆記具）と手を映り込ませる点です。これにより、今まさに目の前でアニメーションが生まれていく過程を視聴者に見せることができます。

　アニメーションはメッセージを伝えるツールなので、その一種であるホワイトボードアニメーションも**メッセージを伝えるツール**です。

　では、ホワイトボードアニメーションはいつ、どこから生まれたのでしょうか？
　簡単にその歴史を解説します。

ホワイトボードアニメーションの歴史

　そのはじまりは、古代の洞窟の壁画です。
　あまりにも古い話なので現実味がないかもしれませんが、人間は古代からイラストでコミュニケーションを取っていたと言われています。
　ホワイトボードアニメーションの原型が生まれたのは、ぐっと現代まで下って、2007年のアメリカ。国際宅配便サービスの会社UPSが行ったキャンペーン動画が起源だと言われています。

▶ ラスコー洞窟の壁画

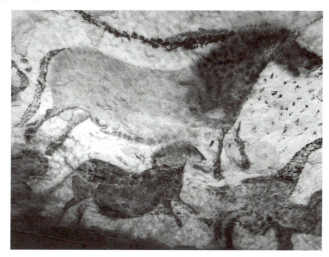

クロマニョン人によって描かれた壁画。馬、牛、鹿などの絵が残っている

　このキャンペーン動画はUPSが2002年に行った広告キャンペーン"What can Brown do for you?"（ブラウンに何ができる？）に続くキャンペーンで、その問いに答えた11本（各約30秒）からなるテレビコマーシャル用に制作されたものです。
　この回答の中には、流通や国際配送の仕組みなどの複雑なものや、信頼性や可視性などの抽象度が高いトピックに対して、1人の男性がホワイトボードの前に立ち、絵や文字を書きながらそれらを淡々と解説していくものもありました。
　完成したイラストを見せるのではなく、ホワイトボードの前で人がイラストを描いていく過程を見せるというのは、この当時は斬新な手法だったのです。

　このスタイルだと、ペン先から描かれるイラストに視線が集中し、イラストが完成するまで見続けてもらえるため、複雑なトピックであってもメッセージが伝わると認識されました。
　その後、2011年に世界的な飲料メーカーであるコカ・コーラが、ホワイトボードア

ニメーションを使ってキャンペーン動画を制作したことで、ますます人気になりました。

　この動画は、コカ・コーラのマーケティング戦略を説明するものでした。UPSのものとは違い、一度描かれたイラストが動き出すようなアニメーションを取り入れた動画で、現在では、このスタイルで多くの作品が制作されています。

　そして、2013年に、人気YouTuberであるSam Pepperが始めた「DRAW MY LIFE（ドローマイライフ）」という動画により、コマーシャル以外の新たな活用法が広がりました。

　これは、自分の生い立ちを棒人間のイラストで綴り、悲惨な過去の自分をさらけ出し、最後はその自分を応援してくれる視聴者に感謝するといったストーリーの動画です。

　2013年以降、爆発的な人気のスタイルになり、ホワイトボードアニメーションが、メッセージを伝えるだけではなく、"共感"を生むことも認識されたのです。

　その後、ホワイトボードアニメーションはYouTubeでも広がり、広告という枠を超えて、より多くの人々に、その存在が認知されるようになりました。

効果が高くて誰でもつくれる

　よく聞かれるのは、「つくってみたいけれど、私はイラストが描けないから……」という言葉です。ですが、"絵はシンプルなほうがよりよい"というのがホワイトボードアニメーションの特徴の1つです。決して複雑な、かっこいいイラストである必要はありません。

　そして、もう1つよく聞かれるのは「私は動画がつくれない」という言葉です。ですが、簡単な動画であれば、道具はすべて100円ショップで調達できますし、機材はスマホがあれば十分です。動画編集も、無料のアプリを使って簡単な操作でできます。

　つまり、ホワイトボードアニメーションは誰にでもつくれてしまう、一番身近なアニメーションなのです。本書で、そのつくり方をお伝えしていきます。

2 実証実験で証明されている ホワイトボードアニメーションの効果

　ホワイトボードアニメーションの効果は、実験結果によって明らかにされています。2012年にイギリスの有名な心理学者リチャード・ワイズマン博士によって行われた実験です。この実験では、博士自身がカメラに向かって話した映像を視聴したグループと、同じ内容をホワイトボードアニメーションにしたものを視聴したグループそれぞれに、視聴後、動画の内容に関する5つの質問に回答してもらい、その正解率を比較しました。

　その結果、ホワイトボードアニメーションのほうが15％も正解率が高いという結果になりました。このことから、博士は「通常は5％や10％もの記憶滞在率を向上させるのは困難なことだが、15％とは驚きである」と話しています。

　そのほかにも、「エンタメ性」では33％、「共感性」ではなんと66％もホワイトボードアニメーションのほうが高い評価となりました。現在はSNSの時代です。面白いと感じてもらい、共感され、共有されなければ、多くの方に行き届かないでしょう。ホワイトボードアニメーションは、この意味でも、実験で実証された映像表現方法なのです。

▶ **リチャード・ワイズマンの実証実験結果**

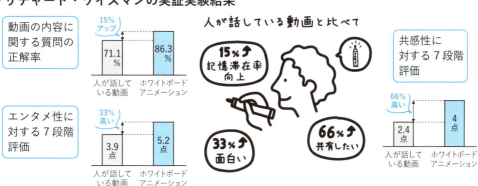

3 ホワイトボードアニメーションのほかにはない特徴

では、さらに具体的に、ホワイトボードアニメーションがほかのアニメーションとどう違うかについて、説明していきます。

✏️ イラストがとてもシンプル

ホワイトボードアニメーション制作において、絵心があるかないかは、まったく問題ではありません。ホワイトボードアニメーションで使用するイラストは、シンプルなものでかまわないからです。むしろ、**シンプルなもののほうがよい**と言えます。その理由は2つあります。

1つめに、そもそもホワイトボードアニメーションは、プロのイラストレーターによって描かれる前提にないということです。ホワイトボードの前に立って、描きながら話す人は、伝えたいメッセージを持つ人物です。そのため、イラストレーターではないあなたが描いても不自然ではありません。

2つめに、ホワイトボードに描かれるイラストは、ミニマルなほうがよいという考え方があるからです。うまくて複雑なイラストのほうがよいと考えてしまいがちですが、メッセージを短時間で正確に伝えるというホワイトボードアニメーションの目的を考えると、逆にそれはマイナスの要素になります。人間の情報処理能力には限界があるため、不必要な情報を盛り込まないほうが、メッセージが伝わりやすくなります。

✏️ 手書きで描かれる

ホワイトボードアニメーションの特徴として、"手書きである"ということがあります。

このデジタル時代に、手書きの手紙を受け取ったら、すごく特別な気持ちになりますよね。**"手書き"は気持ちが伝わる**とよく言われます。

▶ イラストはシンプルなほうがいい

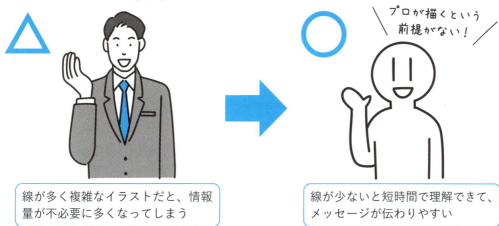

線が多く複雑なイラストだと、情報量が不必要に多くなってしまう

線が少ないと短時間で理解できて、メッセージが伝わりやすい

　実はこれも科学的に証明されており、2017年にアナログ価値研究会より発表された実証実験の結果、手書き文字はタイプされた文字に比べて思いが込められているというポジティブな印象を読み手に与えることがわかりました。

　同じ手書きでも、速記の場合はそのような効果が弱くなることから、「心が込められている」と判断されるのには、書き手が「運動コスト（時間）」をかけて文字を書く必要があることも示唆されました。

　この実証実験は、文字に関するものですが、「運動コスト（時間）」をかけるという意味では、イラストでも同じことが言えるでしょう。

コントラストがはっきりしている

　ホワイトボードアニメーションは、基本的に白いキャンバスに黒いペンで描かれます。

　あなたは、わかりやすく伝えるための「デザインの4原則」を知っていますか。「近接」「整列」「反復」「強弱」の4つです。この4原則の1つである、「強弱（コントラスト）」が、ホワイトボードアニメーションに取り入れられています。

　コントラストには、要素同士にメリハリをつけることで、情報を明確に伝える効果が

あります。色以外にも、フォントや形、大きさなどでもコントラストを高められます。ただ、一番わかりやすいのは、やはり色です。そして、一番強いコントラストになる色は、白と黒。そのため、ホワイトボードアニメーションは、このデザインの原則を取り入れていると言えます。

　また、スティーブン・スピルバーグの映画「シンドラーのリスト」に出てくる、「赤い少女」のように、モノクロの中で一部分だけカラーを使うことを、「パートカラー」「ワンポイントカラー」「セレクトカラー」などと呼びます。

　このパートカラーがあると、さらにその箇所が強調され、見た人は何かメッセージを含む物語を感じます。ホワイトボードアニメーションでも同様に、伝えたいメッセージの中で特に重要な箇所にはこのパートカラーを使います。

制作している過程を見せる

　ホワイトボードアニメーションの醍醐味は、イラストが描かれる過程を見せることです。テレビのニュースやワイドショーで、アナウンサーが画面いっぱいのボードの隠されている箇所をピリッと剥がしていく様子を見たことはありませんか。あれは、隠された箇所が気になるという視聴者の心理を利用しています。

　ホワイトボードアニメーションでも、イラストが徐々に描かれていくことで、視聴者は無意識に次の展開を想像します。イラストが完成していくにしたがって描かれるものが明確になると、快楽を感じさせる脳内物質のドーパミンが分泌され、**描かれたものが強く脳内に印象付けられる**のです。このように、ホワイトボードアニメーションを活用することで、高い学習効果を得られることがわかっています。

早回しで短時間で見られる錯覚を与えられる

　動画が溢れる昨今では、どんなによい動画作品でも視聴者に見てもらうチャンスを得るのが大変です。たとえ見てもらえたとしても、動画の視聴時間は短いものです。

　ホワイトボードアニメーションは、基本的には早回しに編集します。こうすることで、**早回しの動画＝短い動画であるという印象を視聴者に与えることができます。**

▶ ホワイトボードアニメーションの特徴

◆ イラストがとてもシンプル ➡ 絵心がなくてもOK

◆ 手書きで描かれる ➡ 気持ちが伝わる

◆ コントラストがはっきりしている ➡ 情報が明確に伝わる

◆ 制作している過程を見せる ➡ 脳に強く印象付けられる

◆ 早回しで短時間で見られる錯覚を与えられる
　　　　　　　　　　　　➡ 最後まで視聴してもらいやすい

4 ホワイトボードアニメーションが活きる分野を知って利用してみよう

　現在、ホワイトボードアニメーションはさまざまな分野で活用されています。
　ここでは、ゼブラクリエイト株式会社（弊社）が、これまで請け負ってきた案件をもとに、どのような分野でホワイトボードアニメーションが利用されているか解説します。

ホワイトボードアニメーションが活躍する3つの分野

　今日、動画はさまざまな分野で利用されていますが、その中でもホワイトボードアニメーションは、主に3つの分野で利用されています。

　それが、**「自己紹介」「広告」「説明・解説」**です。

　「自己紹介」は、「ドローマイライフ」がホワイトボードアニメーションが一般に広まったきっかけだと考えると納得できます。一口に自己紹介と言っても多岐に渡り、自分の生い立ちを語るものから、自分に関するエピソードを語るもの、経営者が自らのビジョンやミッションを語るものなどさまざまですが、多くは自己を知ってもらうことで視聴者に親近感を持ってもらい、自己のブランディングに役立てることを目的としています。

　「広告」の分野では、その珍しさゆえに、視聴者の興味をひくことができるため、広告効果が高くなると期待できます。広告は、基本的には見る気のない視聴者を対象にしているので、最初の数秒で視聴者の興味をひくことがとても大切です。

　「説明・解説」は、最もホワイトボードアニメーションが活躍する場所だと言えます。

▶ホワイトボードアニメーションが使われている3分野

自己紹介

広告　　　　　説明・解説

　実際に、弊社の制作している動画の7割はこの説明・解説の分野に該当します。
　ホワイトボードアニメーションは、人がホワイトボードに向かって何かを説明・解説する状況を仮想的につくり出しています。このことからも、説明・解説に向いている手法だということは納得できるでしょう。
　そのため、現在はオンライン教材として使われることが多くなりました。シンプルなイラストで必要最低限に絞ったデザインは、長時間視聴しても疲れにくいのです。
　また、ホワイトボードアニメーションにおいては、文字もイラストの一部であるため、ほかのアニメーションスタイルと違って、文字を多用しても問題ありません。これにより、イラストのみでは伝えきれない情報は、文字で伝えることもでき、複雑なトピックにも対応できるのです。

▶ ホワイトボードアニメーションの活用例

分野	シーン	内容	目的
自己・会社紹介	自己ブランディング	ビジネスを始めたきっかけや動機、目的を表現する	主に自身を商品としてビジネスをしている個人事業主、中小企業の経営者や士業の方がそのビジネスの認知度を上げる
	結婚式	新郎新婦の誕生から現在までの、そして出会いから現在までのストーリーを表現する	ゲストに新郎新婦のことを知ってもらう
	会社紹介やヴィジョン・ミッションの共有	会社の存在意義を説く、会社のヴィジョンやミッションを紹介する	ヴィジョンやミッションを共有し、会社自体やこれから取り組むプロジェクトへの士気を上げる
広告	YouTube・SNS広告	商品やサービスの宣伝に終始せずに、ターゲットとなる視聴者が抱える問題にフォーカスして、その商品やサービスがどのようにしてその問題を解決するのかを描く	最後まで視聴してもらい、ホームページの閲覧や電話をかけるなどの行動を促す
	ホームページのトップページ（LP含む）	会社や商品・サービスの概要を簡潔に紹介し、その特徴や強みを視覚的に表現する。また、顧客にとってのメリットや問題解決方法を端的に示す	ホームページに興味を持ってもらい、さらに詳細についても見るように促す
	デジタルサイネージ	商品やサービスの特徴を簡潔かつ視覚的に表現し、通行人の目をひく印象的なビジュアルやアニメーションを用いる。短時間で理解できるメッセージや、季節やイベントに合わせた内容を盛り込む	通行人の注目を集め、商品やサービスへの興味を喚起する。短時間で効果的に情報を伝達し、来店や購買行動を促進する。また、ブランドイメージの向上や認知度の向上にも貢献する
	ホームページの商品紹介欄	商品の特徴や使用方法、利点を視覚的にわかりやすく説明する。複雑な機能や仕組みをシンプルな図や動きで表現し、顧客にとっての価値を強調する	商品の理解を深め、購買意欲を高める。文字だけでは伝わりにくい情報を視覚的に補完し、商品の魅力を効果的に伝える
説明・解説	YouTubeでの本の紹介（要約）	本の主要な概念や重要ポイントを簡潔に図示し、著者の考えや理論を視覚的に表現する。複雑な内容を段階的に解説し、理解しやすい形で提示する	視聴者の本に対する興味を喚起し、理解を促進する。短時間で本の核心を伝え、より深い学びへの動機付けを行う
	展示会・店舗の販促	商品やサービスの特徴、使用方法、顧客メリットを簡潔かつ印象的に表現する。企業の理念や商品開発ストーリーなども盛り込み、ブランドの魅力を伝える	来場者や顧客の注目を集め、商品への興味を喚起する。短時間で効果的に情報を伝達し、記憶に残るような強い印象を与える。商談や購買行動のきっかけをつくる
	教材	学習テーマの概要やポイントを視覚的に整理し、段階的に解説する。抽象的な概念や複雑な過程を具体的な図や動きで表現し、理解を促進する	学習者の興味をひき、理解を深める。視覚的な補助により記憶の定着を促し、効果的な学習をサポートする。さまざまな学習スタイルに対応し、幅広い層の学習者に適応する

第2章

シナリオを用意しよう

1 ホワイトボードアニメーションにおけるシナリオの役割

　ホワイトボードアニメーションは、動画の表現技法の1つです。そして、動画制作においては「シナリオ」と呼ばれる文書が必要になります。

　シナリオとは、コンテンツの完成形を文字で書き表したものであり、動画制作における「仕様書」です。映像や音声など一連の内容を記したものであり、動画の尺（再生時間の長さ）もシナリオによって決まります。動画制作の方向性を定めるものであるため、ホワイトボードアニメーションの制作において大変重要なものになります。

　まずは、そもそもシナリオが動画制作においてどのような役割を担っているのか、その役割を解説していきます。

動画制作におけるシナリオの役割

　前述の通り、シナリオは動画制作の方向性を定めるものです。具体的には、動画で語られる言葉や、その表現方法を文章で記したものになります。動画の制作、特にアニメーションの制作となれば、イラストや映像編集をメインにイメージされる方も多いでしょう。もちろん、その要素も大切ですが、真に魅力的・効果的な動画をつくるためには、優れたシナリオが必要不可欠です。

　視聴者が動画を見続けてくれるかどうかは、シナリオにかかっていると言っても過言ではありません。

　優れた動画は、そのシナリオがことごとく秀逸です。動画に込められたコアメッセージが伝わりやすく、かつ視聴者の興味をひく構成になっています。魅力あるシナリオにするためには、視聴者の注意をひき、さらにその注意を持続させる内容になっていなければなりません。

　動画には制作者が意図する特定のメッセージを視聴者に伝える、という目的がありま

▶ シナリオの役割

シナリオは「仕様書」！

・コアメッセージを伝える
・視聴者の興味をひく

す。美しい映像や印象的なイラストで視聴者の興味をひいても、本当に伝えたいメッセージが伝わらなくては意味がありません。

　例えば、テレビコマーシャルでは有名人を起用したものが多くありますが、好きな芸能人に心惹かれても「何のコマーシャルかは知らない」「何が言いたいのかはわからない」というケースがあると思います。

　テレビコマーシャルにはさまざまな戦略があるでしょうから、それが一概に悪いとは言えませんが、たとえ印象的なものであっても、本来のメッセージが伝わらないケースは往々にしてあるわけです。

　これが、安定した視聴数が見込めない個人の動画となれば、一度でメッセージを伝えられるよう、その「方向性」をしっかりと定めておくべきです。

　その点において、シナリオは動画に込めるべきメッセージを漠然としたものから具体的なものへと昇華させる役割を担っています。

　動画に意義を持たせるためには、シナリオをしっかりと練る必要があるのです。
　本章では動画制作におけるシナリオの要点、作成において何を意識すべきかを紹介していきます。

🖊 ホワイトボードアニメーションにとってのシナリオの役割

　ホワイトボードアニメーションにおいては、「ナレーション原稿」がシナリオとなります。ナレーションとは、解説や語りのことです。アニメーションが生まれていく過程とともに、映像に込められたメッセージと情報を言葉で視聴者に伝えるわけです。

　その内容を記したものが、ナレーション原稿、つまりはホワイトボードアニメーションにおけるシナリオとなります。当然ながらその原稿をもとに映像がつくられるため、動画の方向性を定める仕様書そのものと考えてください。

　ただ、アニメーションによってはBGMや効果音のみでナレーションがないパターンも考えられます。映像にテロップを挿入することで情報を伝えていたり、キャラクターのセリフや動きのみでテーマを表現するケースもあるでしょう。

　そういった場合においても、シナリオの役割は変わりません。伝えるべき情報を明確に表現するため、シナリオを作成して、その方向性をしっかりと定める必要があります。

　もし、あなたがつくるアニメーションにナレーションがない場合でも、その内容を告げるシナリオは必ずつくるようにしてください。

🖊 まずは「コアメッセージ」を決めよう

　では、シナリオの作成にあたり、何を注意して取り組めばよいのでしょうか。

　はじめに決めなければならないことがあります。それは、あなたが動画で伝えたい「コアメッセージ」です。

　例えば、

- 提供しているサービスの内容を知ってもらうための、サービスの「魅力」
- 立案した企画をプレゼンで認めてもらうための、企画の「素晴らしさ」
- 事業や生活に役立つ情報を解説して興味を持ってもらうための、情報の「有用性」

▶ コアメッセージをしっかりと言語化してからシナリオを考えよう

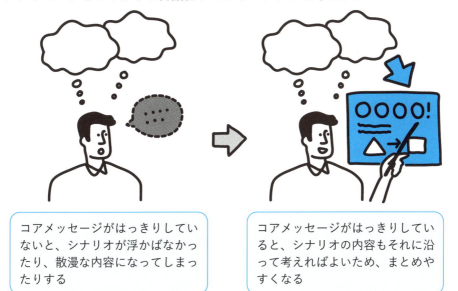

コアメッセージがはっきりしていないと、シナリオが浮かばなかったり、散漫な内容になってしまったりする

コアメッセージがはっきりしていると、シナリオの内容もそれに沿って考えればよいため、まとめやすくなる

などを具体的に言葉にしたものが、それにあたるでしょう。

コアメッセージが漠然としていては、動画そのものが漠然とした内容になってしまいます。当然のことのようですが、意外にもコアメッセージを考えずにシナリオを作成してしまう人が多いのです。

誰に伝えるか──「ターゲット」を考えよう

さて、はっきりとコアメッセージを決めたら、次に「ターゲット」を考えます。メッセージを「誰に」伝えるか、具体的に定めるわけです。

年代や性別や職種など、視聴者が「誰か」によって、持っている知識や価値観が異なります。そうなると、動画を通じて内容を理解してもらうメリット、逆に理解してもらえなかった場合のデメリットも変わります。

例えば、「インターネットのトラブル」を啓発する動画の場合、インターネットに慣

れた若年者層と、そうでない高齢者層では、必要となる説明のレベルが異なります。また、仮に子どもをターゲットとするなら、女児であれば誘い出しなどの異性トラブル、男児であればゲーム課金などのトラブルをメインに啓発するなど、扱うテーマも変わってくるでしょう。

つまり、ターゲットとなる視聴者によってシナリオの内容も変化するのです。

視聴後にどう行動してほしいか──「目的」を定める

また、何をゴールとするのか、動画の目的を明確にしておく必要があります。

すなわち、動画を見た視聴者に何を感じてもらい、どのように行動してほしいかを決めておかなければならないということです。例えば、サービスの魅力を知ってもらい、実際にサービスを利用してほしい、ライフハックなどの情報に興味を持ってもらい、それを日常に取り入れてほしい、などです。

そのため、主張したいことをシナリオでただ伝えるだけでは足りません。

動画を通じて何を理解してもらいたいのか、どうして理解してもらいたいのか、その上で、どう行動してもらいたいのかをシナリオ作成の前にはっきりさせておきましょう。

制作者にとって意義があり、視聴者にとって魅力的な動画に仕上げる──その目的を果たすためには「シナリオづくり」が大変重要となります。

2 10個の構成要素をヒントに シナリオをつくろう

　ここまでホワイトボードアニメーションの制作にあたり、動画におけるシナリオづくりの要点を紹介してきました。
　コアメッセージや目的といったシナリオの方向性を定めたら、いよいよ動画の内容を具体的に書き出していきます。とはいえ、シナリオの作成経験がない方であれば、何を取っ掛かりに書き始めたらいいかわからないこともあるでしょう。
　そこで、シナリオの「構成要素」について紹介していきましょう。

シナリオを組み立てる10の構成要素

　シナリオづくりに慣れないうちは、これから紹介する構成要素から内容を考え、そこから1つの作品に組み上げる方法がおすすめです。
　本書では、シナリオを組み立てるパーツとして、「10の構成要素」を紹介していきます。それでは、1つずつ見ていきましょう。

❶ つかみ

　視聴者の「心をつかみ」、興味をひくための要素です。
　当然ながら、視聴者は興味のない動画を見ようとはしません。この「興味」は「メリット」と置き換えることもできます。要は視聴者が動画を見る理由をつくるということです。
　視聴者に興味・関心を抱かせるような描写、または、動画を見ることによってどんなメリット（もしくは見ないことによるデメリット）があるのかを、基本的にはシナリオの冒頭で表現します。

❷ 意図

制作者はどういう思いで動画をつくるのでしょう。「意図」は、「ある事実を知ってもらいたい」「新しい価値を提供したい」など、**制作者の信念や意図を示す要素**です。

制作者側の意図をしっかり伝えることで、視聴者側が動画を見る目的もはっきりするため、視聴の継続にもつながります。

❸ 明確な前提

コアメッセージの前置きとして、誰もが同意できる事柄を説明する要素です。

例えば、「このことについてはみなさんに同意いただけると思います」などと、周知の事実を説明することで、コアメッセージへの流れをよくします。いわば、**説明の方向性を先につくっておくようなもの**です。

明確な前提により、視聴者の共感を得ることで、動画の内容に納得感が生まれます。

❹ 問題提起

動画に込めたメッセージの背景を伝える要素です。

例えば、「日常生活にはこういう問題がありますよね。だから、それを解決する秘訣を伝えます」といった**メッセージを伝える背景を説明したもの**です。

誰もが抱えているような問題を提示して、それにまつわる主要メッセージを伝える流れにします。そうすることで、視聴者の関心をひき、共感を得ることができます。

❺ 解決策の提示

視聴者が直面している悩みや問題に対して、具体的で実行可能な解決策を提示する要素です。この**解決策が、紹介したい商品・サービスそのものであることが多く**あります。そもそも世の中にある商品・サービスは、何かしらの問題を解決するためにあるからです。広告動画をつくるときには、ぜひ盛り込みたい要素です。

❻ 事例と証拠

　伝えたいメッセージ内容の具体例を紹介する要素です。

　何らかの問題を解決するノウハウやサービスを紹介する動画であれば、その実例を具体的に紹介します。メッセージの有効性を示す証拠のような内容と言えるでしょう。

❼ 効果の提示

　動画で紹介する商品やサービスが、実際にどのような効果を発揮するのかを示す要素です。

　ほかの構成要素で視聴者の共感を得て、動画のメッセージの有効性を伝えたら、それにより視聴者の日常がどのように変化するのかをシナリオに入れ込むのです。

　わかりやすい例で言えば、「清掃会社のサービス紹介動画」で、「店舗が綺麗になり客入りがよくなる」といった内容です。

❽ 手段の描写

　動画の内容における、その具体的な方法や手段を紹介する要素です。

　例えば、「飲食店のデリバリーサービス」の紹介動画であれば、メニューの選択から注文までのアプリの操作画面など、具体的な手順や内容をシナリオに入れ込みます。

　そうすることで、視聴者は利用を前提としたサービスの全容を具体的にイメージできます。

❾ ストーリーテリング

　文字通り、メッセージをストーリー形式で伝える要素です。

　コアメッセージを物語仕立てにすることで、堅苦しい説明で伝えるよりも、わかりやすく、また好感が持てる動画に仕上げるという狙いがあります。

　登場人物が置かれた境遇やその展開に、伝えたいメッセージを込めることで、動画の共感性を高めることができます。

⑩ CTA

　CTAとは「コールトゥアクション（Call to Action）」の略称で、直訳すると「行動の呼びかけ」、つまりは視聴者が具体的なアクションを起こすよう導くためのものです。

　自社サービスの紹介動画であれば、利用してもらえるよう視聴者の背中を押す、情報公開の動画であれば、さらなる情報を得るよう呼びかける、といった内容になります。

目的に合わせて構成要素を組み合わせよう

　ここまで10個が本書のシナリオの構成要素を紹介しました。

　多くの要素があって困惑してしまうかもしれません。ですが、安心してください。これはあくまで本書における「構成要素」の紹介であり、毎回この10個すべての要素を考える必要はありません。4～6つ盛り込めば十分です。

　動画の活用方法や目的に応じて入れ込む要素を取捨選択してください。

　34ページから、「自己紹介」「広告」「説明・解説」の3つの分野で、それぞれどの要素を組み合わせたらよいか解説していきます。

▶シナリオを構成する10の要素

3 10の構成要素をもとにした代表的な構成パターン

　20ページでは、ホワイトボードアニメーションの活用事例を「自己紹介」「広告」「説明・解説」の3つの分野に分けて紹介しました。

　ここでは、例としてそれら代表的な活用事例をもとに、前項で紹介した「10の構成要素」をどのように組み合わせたらよいかを考えてみます。必ずしも、この組み合わせにしなければならないというわけではありませんが、迷ったときの参考にしてください。

自己紹介動画の場合

　まずは「自己紹介動画」の構成パターンについてです。企業が自社の特徴や取り組みを紹介したり、個人が自己PRをするような動画をイメージしてください。

　この場合、次の4つの構成要素がシナリオづくりの基本パーツになります。

つかみ

　自分を知ってもらうためには、相手に興味を持ってもらう必要があります。興味のない他人の自己紹介を見たいと思う人はいません。そのため、視聴者の興味をひく「つかみ」が重要です。動画の視聴メリットをうまく伝えたり、共感を呼ぶエピソードを盛り込んだりして、思わず続きが見たくなるようにしたいものです。

意図

　動画の意図を示してあげることも大切です。視聴者に何を知ってもらいたいのか、どういう価値を提供したいのか、そういった制作者側の思いを示すべきでしょう。

　例えば、「素晴らしい事業内容なのでその価値を伝えたい」といった意図を示せば、視聴者も「その価値を知る」というように方向性を定めて動画を見ることができます。

ストーリーテリング

自己紹介という分野においては、ストーリーテリングも効果的です。

人物を用いたストーリー仕立てにすることで興味をひき、視聴者の共感を得られれば、自己紹介の内容もより伝わりやすくなるでしょう。

CTA

動画で自己紹介するからには、何かしらの目的があるはずです。その目的に向けたアクションを促すメッセージ、つまりCTAも忘れてはいけません。

視聴者を自社サイトにアクセスするよう導く、運営するYouTubeチャンネルを登録するよう促すなど、相手の背中を押すような要素が必要となるでしょう。

▶ 「自己紹介動画」のケースでは？

広告動画の場合

続いては「広告動画」の構成パターンについてです。この場合、次の6つの構成要素をシナリオづくりの基本要素にするとよいでしょう。

つかみ

広告ですので、視聴者の興味をひくことが大前提です。商品やサービスを売るためには、相手の心をわしづかみにするような、強い「つかみ」が重要と言えるでしょう。

自己紹介と同じように、サービスにまつわる共感エピソードでもかまいませんが、広告動画の場合、インパクト重視のテレビコマーシャルのように、ある程度であれば商品やサービスの内容から脱線する内容にしてもよいでしょう。

問題提起

多くの商品やサービスは、何らかの問題解決がその趣旨であると言えます。たとえ嗜好品であっても、暇つぶしの「暇」が問題と言えるわけです。そのため、広告動画においては、この「問題提起」も代表的な構成要素の1つと言えます。

解決策の提示

こちらは「問題提起」にもつながる構成要素です。広告動画の場合、商品やサービスそのものが解決策である場合が多いので、問題提起とあわせて登場させましょう。

事例と証拠

自社のサービスや商品の広告動画であれば、効果の証拠として実例を紹介するのもよいでしょう。その有効性をしっかりと視聴者に伝えることは、CTAにもつながります。

効果の提示

商品やサービスがどんな効果をもたらしてくれるかを魅力的に伝えることも重要です。

▶「広告動画」のケースでは？

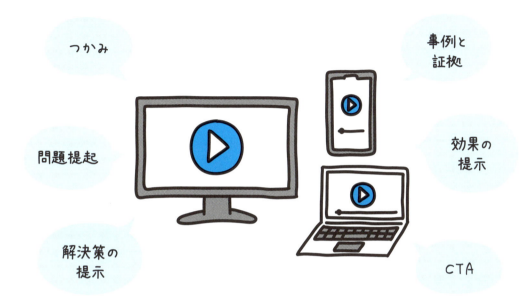

商品やサービスが問題を解決した結果、利用者の日常にどのような効果があるのか、その具体的な成果を示すべきです。

CTA

広告動画のゴールは、何より視聴者の行動を喚起するところにあります。広告としてただアピールするだけではなく、購入や利用を促すまでをセットに考える必要があるでしょう。

説明・解説動画の場合

最後に「説明・解説動画」の構成パターンについてです。次の6つの構成要素がシナリオづくりの基本パーツになります。

意図

　例えば、自身が行う研修の「説明・解説動画」であれば、制作者側であるあなたの意図をしっかりと伝えることが大切です。情報を「価値」と捉えたとき、それをどういう思いで提供するのかを明確にし、意図として盛り込みます。

明確な前提

　説明動画である以上、その説明の方向性を定めることが重要と言えるでしょう。メインテーマにつなげる前段として「明確な前提」を提示することによって、視聴者の「知りたい」を刺激して、同意を得ておくのが効果的です。

問題提起

　説明する内容にまつわる問題を取り上げるのも効果的です。例えば、昨今話題となっているSDGsであれば、世界の貧困や飢餓、自然環境などについて取り上げることで、問題提起となり、共感性が高まります。

解決策の提示

　広告動画と同様に「問題提起」ともつながる要素と言えます。先の「問題提起」の例で言えば、SDGsを実践することで世の中がどのように変わるのか、その成果を示すことで、視聴者の理解もより深まるでしょう。

手段の描写

　例えば、環境問題を取り上げた説明・解説動画であれば、その取り組みの手段もセットでシナリオに入れ込むべきでしょう。CTAにもつながりますし、内容に具体性を持たせることで、視聴者がよりリアルに内容を理解できます。

CTA

　説明を通じて視聴者にメッセージが伝わったら、必要に応じて、その後のアクション

▶「説明・解説動画」のケースでは？

を促す内容も入れ込むべきでしょう。例えば、How to動画であれば、その活用を促したり、リサイクルの解説動画であれば、その実践を促すわけです。

このように動画の活用分野や、その目的によって、使用される構成要素は異なります。また、ここで紹介した組み合わせは、あくまで一例です。例えば、「ストーリーテリング」などは、うまく活用すれば、自己紹介動画以外にも広く取り入れることができるでしょう。

枠にとらわれることはありません。自身が伝えるべきメッセージに適した構成要素を活用してみてください。

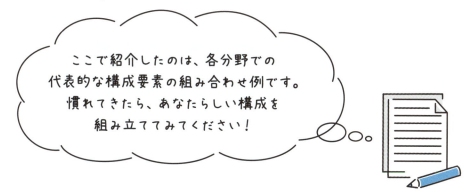

4 コアメッセージが伝わるシナリオを書いてみよう

　ここまでシナリオの役割、構成とそのパターンについて解説してきました。
　とはいえ、ノウハウだけでは具体的な手順がイメージしにくいでしょう。そこで、シナリオの書き方についてさらに詳しく説明していきます。

まずはコアメッセージ、ターゲット、目的を決める

　ここでは、サンプルとして「ファイナンシャルプランナーの男性・Aさん」をつくり手と仮定して、実際にシナリオをつくってみます。ファイナンシャルプランナーとして独立開業しているAさんが、さらなる信頼を勝ち得るために、自己紹介のホワイトボードアニメーションをつくる、という設定です。

　まずは、シナリオの「コアメッセージ」を決めるところから始めます。また、「ターゲット」と「目的」をはっきりさせる必要があります。

　Aさんのコアメッセージは「独立系ファイナンシャルプランナーとしての自分は、信頼できる人物である」ということです。
　企業に属さない個人のファイナンシャルプランナーは、信頼を得るのが難しいという側面があります。しかし、Aさんは独立したからこそ、より親身に相談者の力になれると考えています。他人様の生活設計を預かる身として、家計の相談とあわせて保険代理店も請け負っているAさん。独立系ファイナンシャルプランナーとして、その魅力とアイデンティティを伝えたいのです。

　次にターゲットです。

Aさんは家計の専門家として、お金のやりくりに行き詰まった人たちの力になりたいと考えています。そのため、ターゲットの世代としては30代〜50代にかけてがメインです。貯蓄と支出のバランスがうまくいかず、資金面に不安のある、家庭を持つ男女をターゲットとしました。もちろん、老齢の方や、まだ家庭を持っていない若い世代の相談も受け付けていますが、動画のターゲットを幅広くしすぎると、内容が中途半端になってしまうため、動画ではターゲットをある程度絞ったほうがよいでしょう。

　最後に目的です。これはコアメッセージとも関連して「独立系ファイナンシャルプランナーとして顧客の信頼を勝ち得ること」とも言えますが、顧客の信頼となると少し先の話でしょう。
　動画そのものの目的としては、顧客の信頼を得るために「自身のサービスに関心を抱いてもらうこと」と言えます。より具体的に、「事務所のホームページにアクセスしてもらう」としてもよいでしょう。

▶コアメッセージ、ターゲット、目的（Aさんの例）

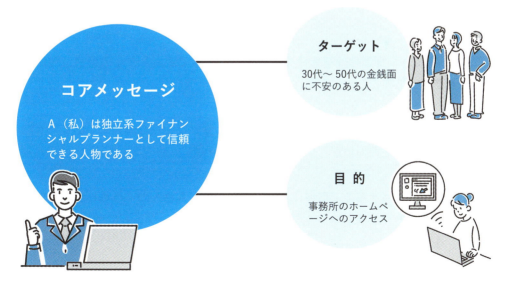

構成要素とそのパターンを用いて内容を考える

　方向性が定まったら、いよいよ具体的な内容を考えていきましょう。
　ここで登場するのが「構成パターン」です。ナレーション原稿として内容を文章化するにあたり、あらためて構成要素とそのパターンに着目してみましょう。
　今回のサンプルは、ファイナンシャルプランナーの男性・Aさんの「自己紹介動画」です。34ページで解説した通り、「自己紹介動画」では10個ある構成要素のうち、

- つかみ
- 意図
- ストーリーテリング
- CTA

を基本パーツとして用いるのがおすすめです。Aさんの場合、この4つの構成要素の具体的な内容はどのようなものになるでしょうか。1つずつ見ていきましょう。

■ つかみ

　「つかみ」は、視聴者の興味をひくための構成要素です。Aさんの場合、実体験をベースとした内容にすることにしました。

- ファイナンシャルプランナーとしてはじめて受けた相談は借金についてだった
- その相談内容に驚いたが、少しうれしくもあった

　ややセンセーショナルな「借金」というワードに、Aさんの「うれしい」という感想を加えてみることにしました。生活資金に不安を抱くターゲットには、「借金」と「うれしい」を組み合わせたAさんの実体験は効果がありそうです。

■ 意図

次に、制作者側の意図を示す構成要素です。Aさん自身の境遇から、次のような内容を伝えることにしました。

- 独立したのは、あらゆる相談者様に価値を提供するため
- 中立の立場で人生設計のアドバイスがしたい
- 保険代理店の仕事も請け負いながら、相談者様の生活をサポートしたい

独立系ファイナンシャルプランナーとして、どのように顧客の役に立ちたいのか、そもそもなぜファイナンシャルプランナーは必要なのか、という2点について、Aさんの信念と意図を、素直に表現することにしました。それが、視聴者に関心を抱いてもらいたいという、動画の「目的」にもつながります。

■ ストーリーテリング

続いて、物語仕立てにすることでメッセージを魅力的に伝える要素です。視聴者の共感を得るために、Aさん自身の思いを物語になぞらえて表現してみることにしました。

- 雨が降ったら並んで傘をさし、雲が晴れたら共に空を見上げる。そんな寄り添えるファイナンシャルプランナー

絵本のような語り口で、視聴者に好感を抱いてもらうことが狙いです。独立系ファイナンシャルプランナーであるAさんの信頼感という、動画の「コアメッセージ」につながる語り口とも言えるでしょう。

■ CTA

最後は、視聴者の行動を喚起するための要素です。これについてはAさんの実績を提示した上で、事務所のホームページへと誘導することにしました。

- 1000人以上の相談実績がある
- ライフスタイルに合わせたサポートができる
- 概要欄のアドレスへ誘導

　相応の実績を示すことで、視聴者は安心感を持ってAさんの事務所のホームページにアクセスできるはずです。

　このように、4つの構成要素と、ざっくりとした内容を書き出してみました。堅苦しく考える必要はありません。パターンに沿ってすべての構成要素を入れる必要はありませんし、こだわりすぎずに自由な発想で考えてみましょう。

▶ファイナンシャルプランナーAさんの例で見る4つの構成要素

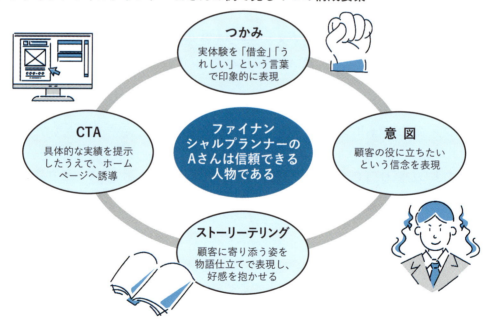

必要に応じて情報をリサーチしよう

　Aさんの場合は、「自己紹介動画」であり、主題は独立系ファイナンシャルプランナーである自分自身のことです。自分に関することは自分が一番詳しいでしょう。

　そのため、情報をリサーチする必要はないようにも思えますが、そうとも限らないのです。Aさんの例で言えば、シナリオの作成にあたり、次のような情報のリサーチを行う必要があります。

- 競合のファイナンシャルプランナーがどのようなアプローチで集客しているか
- 家計に悩む人たちが、今、最も気になっていることは何か
- 言葉選びは適切か

　まず、競合調査についてです。
　Aさんの「自己紹介動画」は、潜在顧客に対するアプローチの一種です。当然ながら競合と比べて印象に残る動画にしたいものです。そうなると似通ったアプローチではいけません。
　競合の事務所について、ホームページなどでチェックするのはもちろん、最近ではSNSも活用されていますから、競合が日々何を発信しているかも簡単にリサーチできます。**差別化を図るためにもリサーチが必要ですし、ヒントにつながるでしょう。**

　次に家計に悩める人の調査です。
　これは、動画のターゲットの調査でもあります。Aさんはプロですから、常にニーズを意識していますが、顧客のニーズというのは時勢により刻々と変化するものです。自己紹介動画をより効果的に、長く活用するためにも、**あらためて業界の状況や最新のニーズに着目して、潜在顧客の心により届く内容を意識したいものです。**
　例えば、お金の悩みについてSNSで情報を集め、それを整理・分析することで伝えるべきメッセージが見えてくるかもしれません。今回はあくまでサンプルですが、Aさ

んの動画の「つかみ」にある「借金」のような、ナレーション原稿の具体的な着想につながるケースもあるでしょう。

最後に、言葉選びについてです。
私たちは、日々当たり前のように日本語を用いて会話していますが、誤った言葉の使い方をしていることが多々あります。「この日本語って、これで正しかったっけ？」と少しでも気になる言葉があれば、きちん調べて正しい意味を確認しましょう。
信頼を得るための動画をつくろうとしているのに、間違った日本語を使って信頼を損なっては元も子もありません。
また、意味が正しくても、しっくりこない場合は、該当する言葉の「類語」や「関連語」を調べてみるのもよいでしょう。同じメッセージでも言葉選び1つで、雰囲気はガラッと変わるものです。

今はインターネットで多くのことが調べられる時代です。シナリオの精度を上げるためにも、情報をしっかりとリサーチしておきましょう。

🖊 ナレーション原稿を仕上げよう

では、いよいよシナリオを仕上げるための清書を行います。
シナリオを作成する際は、エクセルなどのスプレッドシートを使うと便利です。また、アニメーション制作をスムーズに行うために、私は下記のルールを設けて原稿を作成しています。

- 原稿は1文ずつ並べる
- 1文は15秒以内に収める
- 1文1メッセージ以下にする

これには、明確な理由があります。

1つ目の「原稿は1文ずつ並べる」は、このあとの作業をしやすくするためです。
　2つ目の「1文は15秒以内に収める」は、ホワイトボードアニメーションのテンポを保つためです。
　3つ目の「1文1メッセージ以下にする」は、伝えるべきメッセージの密度を薄くしないためです。
　これらのルールに従ってシナリオを書くことで、より楽に、より優れたシナリオに仕上げられます。

　それでは、スプレッドシートに原稿を清書していきましょう。
　まずは冒頭です。Aさんは、視聴者を引き込む「つかみ」をはじまりに持ってくることにしました。

ナレ番号	ナレーション	尺（秒）
1	はじめての相談は、「借金」についてだった。	4
2	独立前、不動産業界で企業系ファイナンシャルプランナーをしていた僕は、その相談内容に驚かされた。	10
3	同時に少しうれしくもあった。	3

※ナレ番号：ナレーション番号の略

　構成要素として書き出した文章を清書して、上図のようにしました。
　このように、句点までの1文ごとを単位に枠を分けています。また、1から順に「ナレ番号（ナレーション番号）」を振っています。このように1文を1枠としてスプレッドシートに記載すると、わかりやすく、このあとのアニメーションづくりの工程においても効率がよいのです。句点までを1つの文章というルールに沿って、気軽に書き出してみましょう。
　図のシナリオテンプレートは、ダウンロードができます（212ページ参照）。こちらをもとにあなたもナレーションをつくってみてください。

テンプレートの右側に「尺（秒）」の項目があり、秒数が書き込まれています。これは、文章を実際に声に出して読み上げ、ストップウォッチで計測したものです。前述した通り、1文は15秒以内に収める、というルールにするとテンポがよくなります。もし、15秒を超える1文があれば、ナレーション原稿を短く修正するか、1文を分けて15秒以内になるよう調整しましょう。

　15秒以内に収める理由は、もう1つあります。ホワイトボードアニメーションでは、「手」が出てきてホワイトボードにイラストを描いていきます。その一筆が長いと、冗長で単調に見えてしまうのです。そうならないように、「手」の表示時間を長くせず、適度に引っ込めることが重要です。
　この「手」の表示時間の限度を私は15秒と考えています。あまり厳密にする必要はありませんが、できるかぎり15秒以内に収めるように努力しましょう。
　また、各文章の秒数を数えることで、全体の尺がある程度予想できますし、尺の調整がしやすくなります。

　さて、次にAさんは動画の「意図」を示すことに決めました。「伝えたい思い」を下記のように文章化しました。

ナレ番号	ナレーション	尺（秒）
4	独立したのは、あらゆる相談者様に価値を提供するためだから。	6
5	所属のないファイナンシャルプランナーは、信用を得るのが難しい。	6
6	けれど、中立の立場で人生設計のアドバイスができる。	5
7	他人様の生活設計を預かる家計の専門家、それが僕の役割だ。	6
8	結婚に出産、病気にケガ、金融リスク……人生は一本道じゃないから、「保険」が必要。	8
9	保険代理店の仕事も請け負いながら、相談者様の生活をサポートしていく。	7

次はいよいよ仕上げです。
　動画の着地に向けて「ストーリーテリング」と「CTA」のナレーション原稿をまとめていきます。

ナレ番号	ナレーション	尺(秒)
10	雨が降ったら並んで傘をさし、雲が晴れたら共に空を見上げる……そんな、寄り添えるファイナンシャルプランナーに。	11
11	1000人以上の相談実績、ライフスタイルに合わせたサポートを。	5
12	ご相談は概要欄のアドレスから、もちろん借金の相談もオーケー。	6
13	ホワイトボードFP事務所。	4

　相談者の悩みを雨にたとえた「ストーリーテリング」の要素を入れ込みました。そして、視聴者に行動を促す「CTA」の内容でナレーション原稿を締めることにしました。

　最後に、1文には1メッセージ以下、というルールについて詳しく触れておきます。
　ナレ番号10の文章は、ストーリーテリングが意識されていてやや冗長ですが、メッセージそのものは1つに収まっています。
　第3章では、絵コンテを作成していくため、あなたにはこの「1文」にふさわしいイラストイメージを考えてもらうことになります。その際、1文にメッセージを込めすぎるとイラストが煩雑になり、作業量が増えてしまううえに、大切な「メッセージの密度」も薄まってしまうのです。メッセージを絞るためにも、1文には1メッセージのみで留めるのが賢明です。

　Aさんの自己紹介動画として今回つくったサンプルのシナリオは、212ページのURLからダウンロードできます。そちらを参考に、ぜひ気軽にシナリオづくりにチャレンジしてみてください。

▶ ファイナンシャルプランナーAさんのシナリオ例

ナレ番号	ナレーション	尺（秒）
1	はじめての相談は、「借金」についてだった。	4
2	独立前、不動産業界で企業系ファイナンシャルプランナーをしていた僕は、その相談内容に驚かされた。	10
3	同時に少しうれしくもあった。	3
4	独立したのは、あらゆる相談者様に価値を提供するためだから。	6
5	所属のないファイナンシャルプランナーは、信用を得るのが難しい。	6
6	けれど、中立の立場で人生設計のアドバイスができる。	5
7	他人様の生活設計を預かる家計の専門家、それが僕の役割だ。	6
8	結婚に出産、病気にケガ、金融リスク……人生は一本道じゃないから、「保険」が必要。	8
9	保険代理店の仕事も請け負いながら、相談者様の生活をサポートしていく。	7
10	雨が降ったら並んで傘をさし、雲が晴れたら共に空を見上げる……そんな、寄り添えるファイナンシャルプランナーに。	11
11	1000人以上の相談実績、ライフスタイルに合わせたサポートを。	5
12	ご相談は概要欄のアドレスから、もちろん借金の相談もオーケー。	6
13	ホワイトボードFP事務所。	4

- 1〜3：つかみ
- 4〜9：意図
- 10：ストーリーテリング
- 11〜13：CTA

第3章

絵コンテを用意しよう

1 ホワイトボードアニメーションにおける絵コンテの役割

　ホワイトボードアニメーションにおける絵コンテは、「設計書」です。

　シナリオは、仕様書だと説明しました。その仕様書で、作成する作品の方向性（完成予想図）を決めました。そして、本章で解説する絵コンテでは、その方向性を実現するために「どのようにつくるか？」をイラストと文字で表した設計書を作成します。

　設計書なしでは家が建てられないのと同じで、絵コンテなしではホワイトボードアニメーションはつくれません。正確には、絵コンテなしでホワイトボードアニメーションはつくれるかもしれませんが、質のよいホワイトボードアニメーションはつくれません。

　それぐらい重要な絵コンテですが、「面倒くさい」「書かなくても頭の中でイメージできるから大丈夫」などと考えて、意外と軽視する方が多いのが実情です。

　絵コンテなしで制作を進めると、考えが十分に整理されていないため、最初に決めた作品像が途中で変わり、なかなか完成せず、最悪の場合、制作ができない状態になることもあります。

　また、絵コンテをつくることで、制作前の段階でほかの人と作品について共有できるという利点があります。

　例えば、制作を請け負っていたとしたら、あなたに依頼したクライアントと共有することができます。チームで制作していたら、チームのメンバー全員が完成形をイメージできて、担当する作業の意図をしっかり確認でき、仕事を進めやすくなります。また、個人的な作品であれば、この絵コンテを持って家族や友人の意見を聞くことも可能です。

　ぜひホワイトボードアニメーションを制作する前には絵コンテを作成するようにしましょう。

　それでは、これから具体的に絵コンテを作成していきます。

▶ 絵コンテの例

※次項以降で詳しく説明します

コマ	画面	順番／表現方法	ナレーション	尺
1		❶描画 ❷描画 場面転換：上にスライド ※1、3コマは同じ描画過程で撮影する	❶はじめての相談は❷「借金」についてだった。	4秒
2		❶描画　❷描画 ❸描画　❹描画 場面転換：上にスライド	❶独立前、❷不動産業界で❸企業系ファイナンシャルプランナー❹をしていた僕は、	7秒
3		❶描画 ❷描画 ❸表情のみ描き変える	❶その相談内容に❷驚かされた。同時に少し❸うれしくもあった。	6秒
4		❶描画 ❷描画 ❸描画 場面転換：左へスライド	❶独立したのは、❷あらゆる相談者様に❸価値を提供するためだから。	6秒
5		❶描画 ❷描画	❶所属のない❷ファイナンシャルプランナーは	4秒
6		5コマのイラストを残したまま ❶描画　❷描画 ❸変化する（表情を消して、書き足す） ❹❶、❷をイレイザーで消す ❺変化する（表情を消して、書き足す）	❶信用を得るのが難しい❷❸。❹けれど、中立の立場で❺人生設計のアドバイスができる。	7秒
7		6コマのイラストを残したまま。 ❶描画（表情を消して、書き足す） ❷描画（手を一度イレイザーで消して、手のみ描く） ❸描画 場面転換：設計図にズームイン	❶他人様の❷生活設計を預かる❸家計の専門家、それが僕の役割だ。	6秒
8		場面転換後、枠のみある状態 ❷フェードイン　❸フェードイン ❹フェードイン　❺フェードイン ❻描画（描くエリアをイレイザーで消して、書き足す） 場面転換：すべてイレイザーで消す	❶❷結婚に出産、❸病気に❹ケガ、❺金融リスク……人生は一本道じゃないから、❻「保険」が必要。	8秒
9		❶描画 ❷描画 ❸描画	❶保険代理店の❷仕事も請け負いながら、❸相談者様の生活をサポートしていく。	7秒
10		9コマのイラストの続き ❶9コマの保険の文字を消す ❷描画（雨）　❸描画（女性の顔を消して、描く） ❹フェードで切り替え	❶❷雨が降ったら❸並んで❹傘をさし、	3秒
11		10コマのイラストの続き ❶雨を徐々にイレイザーで消す ❷描画　❸フェードで切り替え 場面転換：すべてイレイザーで消す	❶雲が晴れたら共に❷❸空を見上げる……そんな、寄り添えるファイナンシャルプランナーに。	8秒
12		❶描画　❷描画 ❸描画　❹描画 ❺描画　❻描画	❶1000人以上の相談実績、❷ライフスタイルに❸合わせたサポートを。 ❹ご相談は概要欄のアドレスから、もちろん❺借金の相談もオーケー。 ❻ホワイトボードFP事務所。	15秒

2 絵コンテを構成している5つの要素とその役割

　前ページの画像は、私の会社で用意している実際の絵コンテです。絵コンテには、次のような欄があります。

- a．コマ
- b．画面
- c．順番／表現方法
- d．ナレーション
- e．尺

　では、それぞれの欄について簡単に説明していきます。
　「コマ」とは、場面の切り替わりの単位を指します。1つの場面、1シーンと言ったほうが、わかりやすいかもしれません。ホワイトボードアニメーションは、何コマで構成するのかがわからないと制作できませんので、このコマの単位を明確にしなければなりません。1から順に記入します。

　「画面」には、ラフイラストを記入します。ラフイラストとは、ポンチ絵、構成図のことです。実際に描かれるイラストの下書きと考えてもよいでしょう。絵コンテの段階で、コマの中に「何」が「どこ」にあるのかを明確にするためにラフイラストを描きます。のちに、そのラフイラストが清書されて、ホワイトボードアニメーションで描かれます。また、このラフイラスト内には、イラストを描く順番を数字で記入します。1つのコマに複数のイラストや文字が入る場合は、描く順番を事前に決めておく必要があるからです。

▶ **絵コンテの要素**

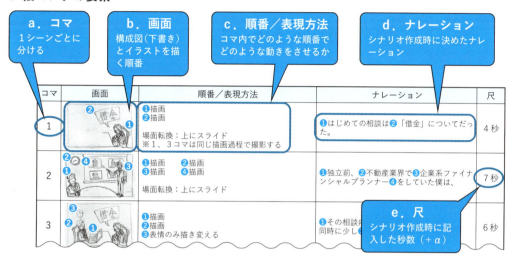

「順番／表現方法」の欄には、画面に書き込んだ描く順番と動きの表現方法を言葉で記載します。特に、1つのコマの中に複数の動きがある場合は、「泣いている表情を消して、笑っている顔を描く」などと書き出します。このとき、もしイメージできる効果音があれば、「鐘の音」「拍手の音」というふうに、ここに記入するのもよいでしょう。

そして、「ナレーション」の欄には、シナリオ作成時に決めたナレーション原稿をコマに分けて記入します。さらに、「画面」に描いたイラストを描く順番の番号と対応するナレーションの箇所に、番号を記入します。こうすることで、そのナレーションが流れているときにどんなイラストが描かれるかが明確になります。

最後に「尺」です。これについても、すでにシナリオ作成時に記入してあるでしょう。それをもとに、絵コンテにも書き込みます。ただし、実際に作成すると、コマの間には切り替わりの時間が数秒発生します。ほかの人と共有する場合で、特に時間制限が厳しく決まっているときは、尺に余裕を持たせるようにしましょう。

第3章 絵コンテを用意しよう | 055

3 クオリティーを左右する絵コンテ作成の注意点

　絵コンテを実際につくる前に、作成する上での注意点をお伝えしておきます。
　ホワイトボードアニメーションが不自然にならないよう、注意点を理解して、事前に対策するようにしましょう。注意点は、大きく分けて2つあります。

> ① 聴覚と視覚を連動させる
> ② ナレーションの長さとイラストの描画時間を意識する

　「①聴覚と視覚を連動させる」とは、ナレーションで話されている内容と描かれるイラストの内容を一致させましょうという意味です。ナレーションで話される内容と、描かれるイラストの内容が合っていないと、できあがったホワイトボードアニメーションは不自然に見えます。例えば、ナレーションで犬の話をしているのに、描かれているのが猫のイラストでは、当たり前ですが視聴者は混乱してしまいます。**絵コンテ作成の段階で、ナレーションとイラストの内容が一致するように考慮しましょう。**

　「②ナレーションの長さとイラストの描画時間を意識する」とは、ナレーションを読み上げる時間（尺）と、イラストを描いている時間を推しはかりましょうという意味です。例えば、イラストはすでに描き終わってしまっているのに、ナレーションは続いているという状態や、その逆でナレーションは読み終わっているのに、イラストがなかなか描き終わらないと、不自然に見えるものです。
　そのため、**ナレーションとイラストの描画時間をできるだけ同じ長さにすることが大切です。** ただし、完璧に一致させることは非常に難しいので、できる範囲でかまいません。詳細は、61ページでも解説します。

4 うまくまとまった絵コンテが誰でもつくれる3ステップ

　本章では、弊社がこれまでの制作経験をもとに開発した、はじめての方でもつくれる絵コンテの制作方法を紹介します。

　あらかじめお断りしておきますが、絵コンテの制作方法に特定のルールはありません。そのため、どのようなつくり方をしてもかまいません。

　本書で紹介する方法は、あくまでもこれまで絵コンテを制作したことのない方でも、実用レベルのホワイトボードアニメーション用の絵コンテを作成できる方法の1つです。

　まずは、絵コンテ作成のステップを見ていきましょう。ステップは、次の3つです。

> **ステップ1**　コマ設定をして全体の流れを整える
> **ステップ2**　ラフイラストをつくって描画内容を決める
> **ステップ3**　描く順番と描かれ方を決めて絵コンテを仕上げる

　絵コンテのテンプレートを手元に用意して、それぞれのステップを進めてください。テンプレートのダウンロード方法は、212ページを参照してください。

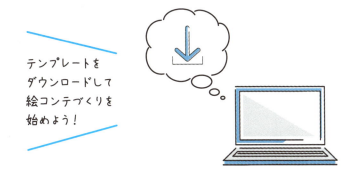

5

ステップ1

コマ設定をして全体の流れを整える

　ステップ1では、第2章で作成したシナリオをもとに、コマ設定をします。コマ設定とは、1コマの内容を決め、コマとコマのつながりを考える作業のことです。1コマの内容は、ナレーション原稿の文脈から考えるとよいでしょう。ここでの"コマ"とは"場面"（シーン）と捉えてもかまいません。

　場面の切れ目をイメージして、絵コンテの「ナレーション」の欄に各コマに割り当てるナレーション原稿を配置します。

　なかなか場面の切れ目がイメージできない方は、PowerPointなどプレゼンテーションソフトのスライド1枚をコマに見立てて、そのスライドに該当するナレーション原稿をイメージするとよいでしょう。

▶ シナリオから絵コンテにナレーション原稿を割り当てる

ナレ番号	ナレーション	尺（秒）
1	はじめての相談は、「借金」についてだった。	4
2	独立前、不動産業界で企業系ファイナンシャルプランナーをしていた僕は、その相談内容に驚かされた。	10
3	同時に少しうれしくもあった。	3
4	独立	
5	所属〜難し〜	
6	けれ〜	
7	他人〜	
8	結婚〜ない〜	
9	保険〜ト〜	
	雨が〜	

コマ割りを決めて絵コンテに記入

コマ	画面	順番／表現方法	ナレーション	尺
1			はじめての相談は「借金」についてだった。	
2			独立前、不動産業界で企業系ファイナンシャルプランナーをしていた僕は、	
3			その相談内容に驚かされた。 同時に少しうれしくもあった。	

コマ割りができたら、次はコマとコマのつながりを考えます。ステップ２でレイアウトを決める際にコマとコマの間につながりがある場合は、コマの一部を表示したまま次のコマを展開するレイアウトにすると、つながりが表現できます。

　コマ間のつながりがない場合は、紙芝居のように次のコマへ完全に切り替わることになります。

　そして、絵コンテの尺の欄に秒数を書き込みます。ナレーション原稿の読み上げにかかる秒数を記入しましょう。シナリオ作成時にも尺を記入しましたが、コマに分けたときにナレーション原稿が分かれたり、つながったりする場合もあるため、再度読み上げて秒数を確認しましょう。

▶ **絵コンテに尺を記入する**

順番／表現方法	ナレーション	尺
	はじめての相談は「借金」についてだった。	4秒
	独立前、不動産業界で企業系ファイナンシャルプランナーをしていた僕は、	7秒
	その相談内容に驚かされた。 同時に少しうれしくもあった。	6秒
	独立したのは、あらゆる相談者様に価値を提供するためだから。	6秒

（4秒の欄）シナリオと同じであれば、転記すればOK！

（7秒の欄）シナリオと区切りが違う場合は、再度読み上げて秒数を計り、記入する

6 ステップ2　ラフイラストをつくって描画内容を決める

✏️ まずは「イラスト」ではなく「言葉」で考える

　ステップ2では、具体的にどのようなイラストを描くのかを考えます。ステップ1で、ナレーション原稿を絵コンテ内に入力しました。この内容をもとに、どんなイラストにするか、考えていきましょう。

　コマごとにイラストを作成するために、まずはナレーション原稿の中からキーワードを拾います。例えば、コマ番号1の"はじめての相談は「借金」についてだった。"の場合は、「相談」「借金」がキーワードとなりそうです。

　そのキーワードをもとに、どんなイラストにするかを、まず「言葉」で考えます。例えば、「相談窓口で悩んでいる女性」「女性から"借金"と吹き出し」のような言葉です。

▶ナレーションからキーワードを選びイラストイメージを「言葉」にする

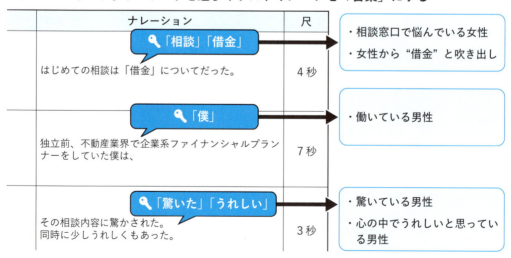

ナレーション原稿からイラストを考える作業は案外大変です。そのため、**いきなりイラストをイメージするのではなく、いったん言葉で表現するのがおすすめ**です。思いついた言葉を検索エンジンで検索して、イラストのアイデアを得ることができますし、AIサービスを利用して「○○なイラストを描いて」などと入力するだけで、画像データを生成してくれるので、それを参考にすることもできます。

　デジタル版であれば、「VideoScribe」というソフト内にさまざまなイラストが用意されているため、言葉を入力して関連するイラストを探すことが可能です。

ナレーションの長さとイラストの量を推しはかる

　言葉で表現して、イラストのイメージが決まったら、それを絵コンテとは違う紙に、一度下書きとして描いてみます。これがラフイラストです。

　このときに注意しなければならないのが、ナレーションの長さとイラストの量です。この2つを推しはかりながらラフイラストを作成する必要があります。

　描画の様子は早送り（倍速）にするのがホワイトボードアニメーションの基本ではありますが、だからといって、ナレーションに合うように描画時間のスピードを変えればよいということではありません。例えば、3秒間のナレーションに対して、描き終えるまでに5分もかかるような複雑なイラストを入れようとすると、100倍速以上にする必要があり、見にくいアニメーションになってしまいます。

　描画時間を何倍速に設定すればよいか、はじめはイメージがわきにくいでしょう。そこで、次ページ図の電球くらいの線の多さ（複雑さ）のイラストであれば10倍速、診察室くらいのイラストであれば25倍速くらいのスピードを基準に考えてみてください。

　できるかぎりナレーション原稿を読み終える前に、イラストを描き終えることが理想です。ただし、**イラストを描き終えたあとでも、5秒間ほどであれば、ナレーションが続いても問題ないでしょう**。しかし、イラストを描き終えたあとに20秒もの間ナレーションが続いてしまうと、静止画の状態が20秒間も続くので違和感が出ます。5秒を1つの目安にしてみてください。

▶ イラスト描画時間の倍速時のイメージ

シンプルなイラスト　電球

実際の描画時間	違和感のない倍速の時間
20秒 →	2秒（10倍）

複雑なイラスト　診察室

実際の描画時間	違和感のない倍速の時間
175秒 →	7秒（25倍）

　もちろん、完璧である必要はなく、あくまでもそのバランスを意識してほしいということです。意識したうえでラフイラストを作成すれば、あとから調整が必要になったとしても、それほど苦労せずに修正できるはずです。

絵コンテにラフイラストを挿入する

　次に、別紙に描いた各コマのラフイラストを絵コンテの「画面」の欄に貼り付けます。
　このとき、ステップ1でコマとコマの間につながりがあるものに決めた場合は、前後のコマが見えるようにラフイラストを描いてみましょう。
　また、慣れてきたら紙芝居のようなシンプルな展開だけではなく、コマとコマの配置を工夫すると、より印象的なホワイトボードアニメーションに仕上がります。例えば、シーンの最後に全体を俯瞰で見せたり、放射型にイラストを並べたり、文字のコラージュにしたりすると映像表現の幅が広がるので、ぜひお試しください。

▶ 絵コンテにラフイラストを貼り付ける

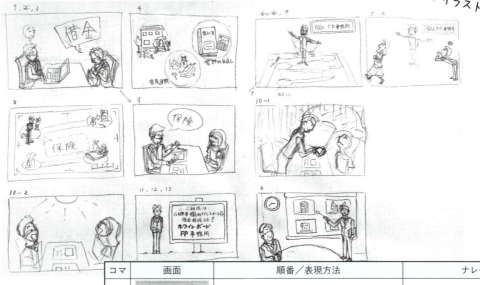

第3章 絵コンテを用意しよう

7

ステップ3　描く順番と描かれ方を決めて絵コンテを仕上げる

ステップ3では、いよいよ絵コンテを仕上げていきます。

ここまでで、絵コンテは、すでに「画面」と「ナレーション」と「尺」の欄が埋められている状態です。ステップ3で、残りの箇所を埋めていきましょう。

描く順番を決めていく

まず、表示させる順番（描く順番）を決め、「画面」に貼り付けたラフイラスト内に番号を振ります。表示させる順番は、56ページで説明した通り、「聴覚と視覚を連動させる」ように、ナレーションの進行に合わせて決めましょう。

次に、その番号と「ナレーション」欄の対応する箇所にも番号を振ります。これにより、どのナレーション原稿が読み上げられているときに、どのラフイラストを表示させるのかが一目でわかるようになります。

描く順番と表現方法を記入する

最後に「順番／表現方法」の欄にも「画面」に記載した番号を記入して、それぞれのイラストをどのように表示させるのかを考えます。

多くの場合、手で描くという表示方法がメインになるかと思いますが、それ以外にもフェードインさせる、手でフレーム外から持ってくるなど、いろいろな表示方法があります。どんな表示方法が適切か考えて、「順番／表現方法」の欄に書き込みましょう。

表現方法については、68ページを参照してください。

これで絵コンテの完成です。動画を制作するときには、これを「設計書」として手元に置きながら作業するとよいでしょう。

▶ 描く順番と表現方法を絵コンテに記入する

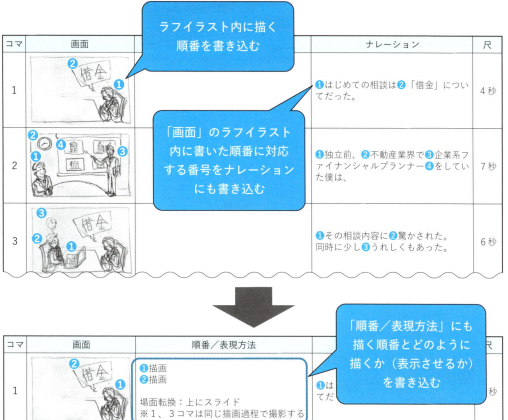

第3章 絵コンテを用意しよう

8 完成した絵コンテを確認してみよう

コマ	画面	順番／表現方法	ナレーション	尺
1		❶描画 ❷描画 場面転換：上にスライド ※1、3コマは同じ描画過程で撮影する	❶はじめての相談は❷「借金」についてだった。	4秒
2		❶描画　❷描画 ❸描画　❹描画 場面転換：上にスライド	❶独立前、❷不動産業界で❸企業系ファイナンシャルプランナー❹をしていた僕は、	7秒
3		❶描画 ❷描画 ❸表情のみ描き変える	【01】❶その相談内容に❷驚かされた。同時に少し❸うれしくもあった。	6秒
4	【03】	❶描画 ❷描画 ❸描画 場面転換：左へスライド	❶独立したのは、❷あらゆる相談者様に❸価値を提供するためだから。	6秒
5		❶描画 ❷描画	❶所属のない❷ファイナンシャルプランナーは	4秒 【02】
6		5コマのイラストを残したまま ❶描画　❷描画 ❸変化する（表情を消して、書き足す） ❹❶、❷をイレイザーで消す ❺変化する（表情を消して、書き足す）	❶信用を得るのが難しい❷❸。 ❹けれど、中立の立場で❺人生設計のアドバイスができる。	7秒
7	【04】	6コマのイラストを残したまま。 ❶描画（表情を消して、書き足す） ❷描画（手を一度イレイザーで消して、手の❸描画 場面転換：設計図にズームイン	【04】❶他人様の❷生活設計を預かる❸家計の専門家、それが僕の役割だ。	6秒
8		❶場面転換後、枠のみある状態 ❶フェードイン　❸フェードイン ❹フェードイン　❺フェードイン ❻描画（描くエリアをイレイザーで消して、書き足す） 場面転換：すべてイレイザーで消す	❶ ❷結婚に出産、❸病気に❹ケガ、❺金融リスク……人生は一本道じゃないから、❻「保険」が必要。	8秒
9		❶描画 ❷描画 ❸描画	❶保険代理店の❷仕事も請け負いながら、❸相談者様の生活をサポートしていく。	7秒
10		9コマのイラストの続き ❶9コマの保険の文字を消す ❷描画（雨）　❸描画（女性の顔を消して、描く） ❹フェードで切り替え	❶ ❷雨が降ったら❸並んで❹傘をさし、	3秒
11		10コマのイラストの続き ❶雨を徐々にイレイザーで消す ❷描画　❸フェードで切り替え 場面転換：すべてイレイザーで消す 【05】	❶雲が晴れたら共に❷❸空を見上げる……そんな、寄り添えるファイナンシャルプランナーに。	8秒
12		❶描画　❷描画 ❸描画　❹描画 ❺描画　❻描画	❶1000人以上の相談実績、❷ライフスタイルに❸合わせたサポートを。 ❹ご相談は概要欄のアドレスから、もちろん❺借金の相談もオーケー。 ❻ホワイトボードFP事務所。	15秒

066

ここまで、絵コンテの作成方法について詳しく解説してきました。ここでは、完成した「独立系ファイナンシャルプランナーＡさんの広告動画」の絵コンテを作成手順の確認をしながら見てみましょう。

01　コマ設定をしながらシナリオのナレーション原稿を「ナレーション」の欄に入れます。

• シナリオ

ナレ番号	ナレーション	尺（秒）
1	はじめての相談は、「借金」についてだった。	4
2	独立前、不動産業界で企業系ファイナンシャルプランナーをしていた僕は、その相談内容に驚かされた。	10
3	同時に少しうれしくもあった。	3
4	独立したのは、あらゆる相談者様に価値を提供するためだから。	6
5	所属のないファイナンシャルプランナーは、信用を得るのが難しい。	6
6	けれど、中立の立場で人生設計のアドバイスができる。	5
7	他人様の生活設計を預かる家計の専門家、それが僕の役割だ。	6
8	結婚に出産、病気にケガ、金融リスク……人生は一本道じゃない	

02　ナレーション原稿を読み上げ秒数を「尺」に記入します。

• ラフイラスト

03　ナレーション原稿からキーワードを抽出し、別紙にラフイラストを描きます。そして、「画面」に貼りつけましょう

04　ラフイラストに描く順番の数字を書き、同様に、「ナレーション」の欄に同じ番号を書き込みます。

05　「順番／表現方法」の欄に描画の番号とイラストをどのように表示させるか、といった演出方法を記入します。

表現方法の種類

いくつかの表現方法を知り、それを組み合わせることで、より伝わるホワイトボードアニメーションに仕上げていきましょう。ここでは、代表的な4つの表現方法を紹介します。

❶ Draw（描画）

実際に手でイラストや文字を描いている表現です。

❷ Move in（ムーブイン）

イラストや文字を画面外から画面内に移動させる表現です。

①の表現ばかりだと飽きるので、たまに描画する手ではなく、文字やイラストを手で動かす表現に設定し、変化を加えることで最後まで見続けてもらいやすくなります。

❸ Fade in（フェードイン）

"手"が登場する表現ではなく、素材が徐々に見えてくる表現です。じんわりとした印象を与えたいときは効果的でしょう。

 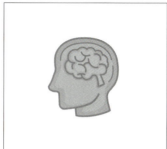 

❹ Erase（消去）

Eraseは映像上で描いた要素を"消す"演出をするときに使用します。

間違いを修正する意味としても使えるし、消して描くことで、演出としてあえて強調することもできます。

アナログ版の場合は特に「Draw」の表現が多くなるでしょう。ですが、「Erase」などを上手に使うと表現の幅が広がります。どんな表現方法が適切か考えて、絵コンテ内の「順番／表現方法」の欄に書き込みましょう。

第4章

アナログ版
ホワイトボードアニメーションを
制作しよう！

1 アナログ版ホワイトボードアニメーション制作とは

　8ページで、ホワイトボードアニメーションには、「アナログ版」と「デジタル版」があると説明しました。本章では、「アナログ版」の具体的な制作方法を紹介します。

　アナログ版ホワイトボードアニメーションは、「アニメーション」と言っても、実際にホワイトボードに描画するシーンを実写で撮影したものを指します。

　アナログ版ホワイトボードアニメーションで必要な素材は、次の3つです。

- ナレーション素材（ナレーションを読み上げた音声データ）
- イラスト動画素材（描画シーンを撮影した動画データ）
- BGM・効果音素材

それぞれ具体的にどのようなものか確認しましょう。

ナレーション素材——ナレーションの音声データ

　ナレーション素材とは、第2章で作成したシナリオ（ナレーション原稿）を読み上げた音声データのことです。ナレーション素材を用意する方法は、「自分でナレーションを読み上げて収録する」「外部サービスに依頼する」「文字読み上げソフトなどを使う」といった方法があります。詳細については、74ページで紹介します。

イラスト動画素材——描画の様子を撮影した動画データ

　イラスト動画素材とは、第3章で作成した絵コンテをもとに、実際にホワイトボードに描画するシーンをビデオカメラなどで撮影した、動画データのことです。撮影のために、ホワイトボードやペン、スマホやスタンドなどを準備します。

93ページで、描画・撮影のポイントをしっかりとお伝えしていきます。何をどんなふうに描画するか、というところに制作者の個性が出ます。あなたのクリエイティビティーを存分に発揮してください。

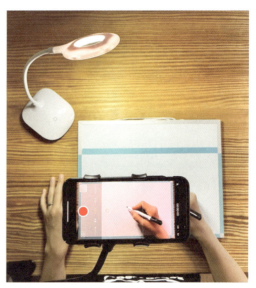

✎ BGM・効果音素材 ── アニメーションの雰囲気をつくる音

　ホワイトボードアニメーションのテンション感をイメージしやすくするためにバックグラウンドで音楽を流したり、アニメーションの動きに合った効果音を流したりするために、音の素材を用意します。テンション感とは、企業向けのスピード感ある紹介や、感動的な内容、コミカルな内容など、アニメーションで伝えたい雰囲気や気分のことです。

　"音"があることにより、ホワイトボードアニメーションで伝えたい内容が、より伝わりやすくなります。

　102ページでは具体的にBGMを準備する方法を紹介します。

2

素材集め ❶

ナレーション素材

✏️ ナレーション素材を用意するための3つの方法

　ナレーション素材を用意する方法はいろいろありますが、本書では、「1．自分でナレーションを読み上げて収録する」「2．外部サービスに依頼する」「3．文字読み上げソフトなどを使う」の3つの方法について紹介します。

1．自分でナレーションを読み上げて収録する

　はじめてホワイトボードアニメーションを制作する方に一番おすすめなのが、この方法です。アナログ版ホワイトボードアニメーションを編集する際に使用する「VNビデオエディター（以下VN）」というスマホアプリを使用して、音声収録ができます。

　具体的な手順は、次の通りです（VNのダウンロード方法などについては、85ページを参照してください）。

■ VNを使った収録の手順

01　「VN」アプリを起動し、「＋」をタップします。次に、「新規プロジェクト＞保存」を順にタップします。

02

「アイテム」に入っている"白い画像"を選択し、「→」をタップすると、画像が挿入されます（白い画像でなくてもかまいませんが、こちらがおすすめです）。

03

画像を挿入した際、表示秒数の初期値は「3.0s（3秒）」となっています。これを絵コンテに書き込んだ尺の合計よりも長い秒数になるように、「>」を右にスライドさせて伸ばします。おおまかな数値でかまいませんが、読み直し時間も考慮し、長めに設定しておきましょう。

04

「♫＋＞ナレーション」の順にタップすると、収録ボタンが表示されます。

05

収録ボタンをタップすると、3秒のカウントダウンが始まります。カウントダウン後（4秒目から）、スマホのマイクに向かってナレーション原稿を読み上げましょう。このとき、1文と1文の間に数秒間の無音部分をつくっておくと、編集がしやすくなります。

06

ナレーションの読み上げが終わり、「✓」をタップしたら、右上の「書き出しボタン」をタップします。

07 「Export Audio Only」を選択し、「書き出す」をタップします。

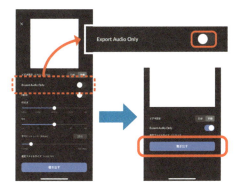

08 共有画面が自動で表示されるので、その中からVNを選択します。

09 VNに飛んだら、「新規作成」をタップし、「ナレーション」などの名前をつけたフォルダを作成し、追加します。すると、そのフォルダ内に音声データが保存されます。

第4章 アナログ版ホワイトボードアニメーションを制作しよう！

> **POINT**
> 収録がスタートしたあとは、停止ボタンを押すまで収録し続けることができます。読み間違えた場合でも、停止ボタンは押さず、少し時間を空けて読み間違えた文の最初から読み直し、最後まで収録し続けましょう。一度停止して再収録をすると、収録環境が乱れたり、声質が変わってしまうことがあります。
> 息を吸う音、吐く音も想像以上に収録されてしまいがちです。カットできる部分であれば編集時にカットし、聞き取りづらい場合や大きな音が入っていた場合は、部分的にでも再収録してください。編集方法については、110ページで解説します。

■ VN以外で収録したい場合

　音声を録音してデータ化できれば、どのような方法でもかまいません。スマートフォンの「ボイスレコーダー」アプリを使えば、音声収録は可能です。ボイスレコーダーアプリや、ボイスチェンジャーアプリなど、VN以外のアプリで収録した場合は、次ページの「VN以外で収録した音声データをVN内に取り込む」を参照して、音声データをVN内に取り込んでください。

2．外部サービスに依頼する

　最近では、クラウドサービスの広がりによって、プロのナレーターにナレーションの依頼をしやすくなりました。おすすめのクラウドサービスは「ココナラ」や「クラウドワークス」です。このようなサービスを利用して音声データを作成してもらうと、クオリティーの高いアニメーションに仕上がるでしょう。

3．文字読み上げソフトなどを使う

　ナレーション原稿をアプリ内に入力すると、設定した声で音声化してくれるアプリが存在します。これから発展していくアプリのため、イントネーションは若干の修正が必要ですが、制作に慣れてきた方は、試しに使ってみるのもよいでしょう。

■ VN以外で収録した音声データをVN内に取り込む

01 音声データをスマホの適当なフォルダに保存します（iPhoneの場合、「ファイル」がおすすめです）。

02 音声データを開き、「共有 > VN」の順にタップします。

03 VNの「マイミュージック」が自動で開かれるので、自身で"ナレーション"などの名前を付けたフォルダを作成し、「保存」をタップします。

04 名前を付けたフォルダ内に取り込まれます。

3 素材集め ❷-1
イラスト動画素材の「道具の準備」

　ホワイトボードアニメーションにとって、もっとも重要な「イラスト動画素材」を用意する方法について説明します。まずは、アナログ版とデジタル版、それぞれの制作に必要な道具を表で確認しましょう。

▶ **アナログ版とデジタル版の道具の比較表**

	アナログ版	デジタル版
描画	・ホワイトボード ・ペン ・イレイザー	・パソコン ・イラスト制作ソフト「Inkscape（無料）」または「Illustrator（有料）」 ・ホワイトボードアニメーション制作ソフト「VideoScribe（有料）」
撮影	・カメラ付きスマートフォン ・スタンド （真俯瞰撮影できるようにカメラ付スマートフォンを固定できるもの、スマートフォンを固定する際のアダプター） （リモートシャッター） （照明＋トレーシングペーパー）	不要
ナレーション	・ボイスレコーダーアプリ ・VN	Audacity（無料）
BGM	商用利用可能なBGM	商用利用可能なBGM
費用（端末費を除く）	500円〜3,000円（買い切り）	約2,000円（月額）

※（　）内のものは必須ではありません。

本章では、アナログ版ホワイトボードアニメーションの描画に必要な道具を準備する上でのポイントを紹介します。

■ ホワイトボード

　アナログ版では、実際にホワイトボードに描画していきます。そのため、用意するホワイトボードのサイズが重要です。はじめは、35㎝×28㎝くらいのサイズのものを使用すると撮影しやすいため、おすすめです。ただし、画面上に複数のイラストを描くレイアウトにする場合は、大きなホワイトボードのほうが描きやすいでしょう。この場合、ホワイトボード全体を映すために高いところから撮影する必要があるため、小さなものに比べるとスタンドの高さが必要になりますのでご注意ください。

▶ 100円ショップで購入したホワイトボード

写真のホワイトボードはダイソーで300円のもの。サイズは、355mm×280mm

▶ ホワイトボードのサイズ比較

大きめのほうが描きやすい！

▶ スタンドのサイズ比較

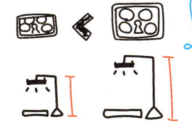

ホワイトボードが大きくなるほど、スタンドを高くする必要がある

■ **ペン（ホワイトボードマーカー）**

　描画するためのペンは、ペン先の太さや色が数種類あると、より複雑な構図のイラストが描けます。例えば、下記のイラストのように、「メインの文字は平芯、細部は細いペン、ワンポイントイラストにはカラーペン」などと描き分けることができます。

■ **イレイザー**

　ホワイトボードアニメーションにおいて、ペンと同じくらい重要なのがイレイザーです。なぜなら、イレイザーで消す動作もアニメーションの一部になるからです。ホワイトボードのインクが消せるものであれば何でもかまいませんが、消しカスが残りやすかったり、インクが伸びたり、イレイザーの消耗が早いものは、おすすめしません。これらの点を踏まえて選んでください。

　身近なものだと、ティッシュがきれいに消えるのでおすすめです。また、細かな部分を消すときには、綿棒を使うこともあります。

　演出上は、イレイザーを使用したほうが見栄えがいいので、二度手間ですがイレイザーで消す動作を撮影後、ティッシュで再度ホワイトボードを消して、その部分を編集でカットすると、アニメーションがきれいに仕上がります。

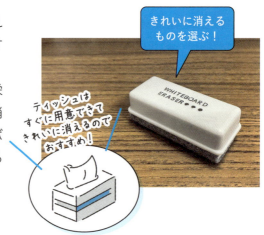

■ カメラ機能付きスマートフォン

　カメラは、お手持ちのスマホで問題ありません。強いて言えば、カメラの画質がよいと、仕上がりもきれいになります。

　また、本書では、動画編集アプリ「VN」を使用した編集方法を解説しますので、VNに対応したOSとアプリのダウンロードが必要です。VNの仕様をお確かめのうえ、使用できるスマホを用意してください。

VNが使用できるスマホを用意

■ リモートシャッター

なくても撮影はできますが、あると便利！

　撮影の際、スタンドに設置したスマホ本体のボタンを押すと、画角がずれる可能性があります。

　リモートシャッターがあると、スマホに触れずに録画ボタンや停止ボタンを押すことができるため、用意すると便利です。リモートシャッターは、100円ショップやAmazonなどで購入できます。

■ スタンド

　アナログ版ホワイトボードアニメーションでは、撮影する際に真上から水平に撮影します。このような撮影方法を「真俯瞰撮影」と言い、三脚を使う方法や本を重ねて土台をつくって撮影する方法など、ネット上でさまざまな撮影方法が公開されています。

　本書では、卓上取り付けタイプのフレキシブルなスタンドでの撮影方法を紹介します。

　スタンドを選ぶ際は、ホワイトボード全体が映せる

卓上取り付けタイプがおすすめ！

高さが確保できるか、水平に固定できるかの2点を確認するとよいでしょう。

　卓上取り付けタイプのフレキシブルなスタンドは、首の部分が自由に変形できます。ヘッドの部分も前後左右に動かせるため、第2関節として細かく設定できます。

　手軽に入手できて、取り付けが簡単というメリットはありますが、スマホの重みでヘッドが下がってきやすいので、必ずスマホをスタンドに取り付けてからセッティングを開始しましょう。

スマホをスタンドに取り付けてから、スタンドの位置を調整！

■ 照明

　ホワイトボードに描く際に、影や反射がある場合は、照明を当てることで解決できます。一番身近なものですと、スタンド照明を利用するとよいでしょう。

　1点に光が集中すると、ホワイトボードが光を反射してしまいます。このような場合は、光が分散するように、照明とホワイトボードの間に、トレーシングペーパーを1枚挟むと、光がやわらかくなり、それを防ぐことができます。

トレーシングペーパーを挟むと光が分散されます

■ 動画編集アプリ（VN）

　動画を編集するためのアプリは、商用利用が可能な「VN」という無料アプリがおすすめです。「capcut」といったアプリもありますが、こちらは商用利用ができません。

　ただし、アプリは無料だったものが有料化したり、商用利用可能だったものが不可になったり、時代に合わせて変化していきますので、「VN」は現時点でのおすすめです（2024年10月現在）。実際に制作するときに、必ず最新の情報を確認してください。

　下記のURLよりアプリをインストールし、動作確認をしてから撮影を始めましょう。

▶ iOSの場合

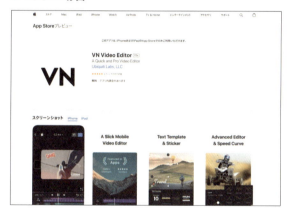

• Apple Store
https://apps.apple.com/jp/app/vn-video-editor/id1343581380

▶ Android OSの場合

• Google Play
https://play.google.com/store/apps/details?id=com.frontrow.vlog&hl=ja

4

素材集め❷-2
イラスト動画素材の「撮影準備」

　道具が準備できたら、実際にホワイトボードアニメーションを描画する「イラスト動画」を撮影する準備をしましょう。手順は次の通りです。

🖊 手順1　ホワイトボードで描く範囲を決める

　ホワイトボードの外枠部分が見えるより、描き込む白い部分だけを撮影したほうが、見栄えがよくなります。そこで、描く範囲が一目でわかるように、ホワイトボードにマスキングテープを貼って枠をつくりましょう。

　このときに考慮しなければならないのが、画面比率です。例えば、YouTubeやフルHDなどは縦横比が16：9、スクエアは1：1、Instagramは4：5になります。ホワイトボードの縦横の最大幅を利用できるよう計算して、範囲を算出しましょう。

▶ **16：9（フルHD、YouTubeなど）の場合**

（例）長手の長さ＝35.5cm
　　　16：9＝35.5：x
　　　x＝35.5×9÷16
　　　x＝19.968≒20（cm）

※4：5の画面比率についても、同様に算出してください

▶ **1：1（Instagramなど）の場合**

　ホワイトボードの短いほうの辺の長さに合わせてマスキングテープを4つカットし、正方形になるように貼り付けると簡単です。

算出した値に合わせて、垂直にマスキングテープを貼る

4本のマスキングテープを正方形に貼る

定規がなくても、簡単に1：1の比率にできる！

手順2　光源の位置をもとに作業場所と撮影位置を決める

　光源は自然光でも照明でもかまいませんが、自然光は天候や時間帯に影響されやすいため、一定のクオリティーを出すことが難しいでしょう。慣れるまでは照明を利用するのがおすすめです。

　利き手と対角の位置、または正面に光源がある状態がベストです。真上からの光源だと、カメラや自身の影が映りやすくなってしまいますし、利き手側からの光源は、描いている絵のほうに手の影が映ってしまうからです。

　光源がホワイトボードに映ってしまうこともあります。真上からのカメラ撮影で確認し、光源が映り込まないように位置を調整しましょう。

　一方向からのみの光だと、影が強く出てしまいます。これを緩和するためには、光源部と反対の位置に反射する白いものを置くと影の強さを軽減することができます。

▶ **照明の設置イメージ**

　右利きの場合、左上または正面の位置に照明を置くと、見やすい動画に仕上がります。
　自然光の撮影は難しいため、まずはデスクライトを使うとよいでしょう。

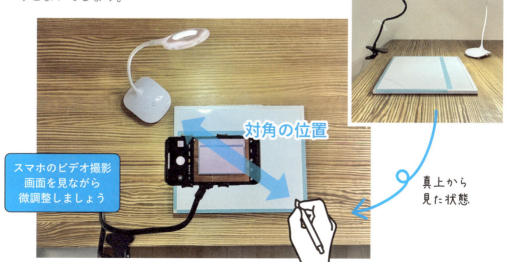

✏️ 手順3　ホワイトボードを描きやすい位置で固定する

　描く・消す動作をしても、ホワイトボードが動かないように、机やテーブルに固定します。おすすめの方法は、ホワイトボードの裏面の四隅に粘着ゲル両面テープを貼り付けて、固定する方法です。粘着ゲル両面テープは、100円ショップで購入できます。なければ、普通の両面テープでもかまいません。ホワイトボードの表面から、マスキングテープやセロハンテープなどで固定してもよいでしょう。

▶ ホワイトボードの固定

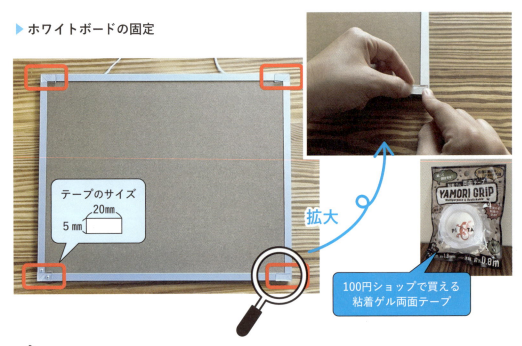

✏️ 手順4　スタンドとカメラをセッティングする

　スタンドにカメラを装着し、ビデオモードにした状態でセッティングします。
　ビデオ撮影画面を見ながら、手順1にて貼り付けたマスキングテープがすべて映るように、スタンドの高さを調整します。このとき、撮影範囲がマスキングテープ枠の少し

外側になってもかまいません。枠の内側ギリギリにセットして撮影した場合、枠の端で描画しイラストや文字が映らないこともあるからです。

　スマホによって、動画撮影できる画面比率が決まっているため、マスキングテープとカメラ撮影画面の比率が合わない場合があります。そのときは、マスキングテープがすべて映るようにスマホを設置した状態で撮影しましょう。余分に映っている部分は、正しい画面比率になるよう編集の際にトリミングすれば問題ありません。

　画角を調整するときは、カメラ機能で拡大して合わせるのではなく、スタンドの高さで調整してください。カメラ機能で拡大して合わせてしまうと、画質が下がってしまいます。できるだけスタンドの高さを調整して、画面にうまく収まるようにしましょう。

　また、カメラの位置は必ず水平を維持してください。カメラを水平にしないまま撮影すると、歪んだ状態でホワイトボードが撮影され、あとの編集の工程でトリミングする際に、誤差が出てきてしまいます。水平器やスマホの水平器アプリを使って、水平かどうかを確認するとよいでしょう。

上から見た状態

撮影画面を見ながら調整

横から見た状態

水平器アプリでチェック

第4章　アナログ版ホワイトボードアニメーションを制作しよう！

手順5　撮影環境を最終チェックする

手順1～4まで作業を進め、準備万端だと思います。しかし、撮影を始める前に以下のチェック内容に従って、問題がないか確認していきましょう。

撮影している最中や撮影後にミスに気がつくと、再撮影が必要になってしまう場合もありますので、必ず撮影前にチェックしてください。

☑ 光源位置は利き手と対角または正面の位置にあるか？

自然光または照明の位置が、利き手と対角または正面の位置にあるか確認します。

利き手側から照明を当てると、手の影がより濃く映ってしまいます。

利き手側に照明がある状態

利き手の対角の位置に照明がある状態

☑ 光源が強すぎてホワイトボードに反射してないか？

カメラを通して見たときに、光源がホワイトボードに反射して、白光りしてないか確認します。

右の写真のような状態だと、撮影画面内に、光源が映り込んでいます。このような場合は、照明を少し奥へ移動させて、映り込まないように調整しましょう。

光源が映り込んでいる状態

☑ ホワイトボードに描画・消去しても動かないか？ カメラとスタンドは動いてないか？

　試しに"描く動作"と"消す動作"をして確認します。ホワイトボードが動かなければ問題ありません。また、カメラやスタンドも動いていないか確認します。

　"描く動作""消す動作"を繰り返し撮影していく中で、もし、カメラが揺れていたら、動画素材も当然、揺れている映像になります。どれくらいのパワーで動作をしたら問題ないか、感覚を確認しましょう。

　"描く""消す"の動作だけでなく、机自体が揺れていないか、カメラのアームが揺れやすくないかも確認します。

　揺れてしまう場合は、スタンドを固定し直したり、机の脚を調整したりしてみましょう。

特に、「消す」動作のときに、カメラが揺れがち。
力加減に注意！

☑ ホワイトボードに対してスマホは水平で、前後左右に傾きがないか？

　スマホをビデオ撮影モードにしてホワイトボードを映し、水平で前後左右に対しての傾きがないか確認します。水平器（水平器アプリ）で0°になっているか確認しましょう。

縦方向の水平

横方向の水平

　水平になっていないと、動画全体がゆがんだような見にくいものになってしまいます。フレキシブルなスタンドの場合、自在に動かしやすい反面、スマホの重みで傾いてしまうこともあるので、必ず水平を確認してください。

第4章　アナログ版ホワイトボードアニメーションを制作しよう！

☑ 画面比率に間違いがないか？

設定した画面比率に誤りがないか確認します。試しに撮影したものを編集時に使用するアプリ「VN」に取り込んで確認してみてください。

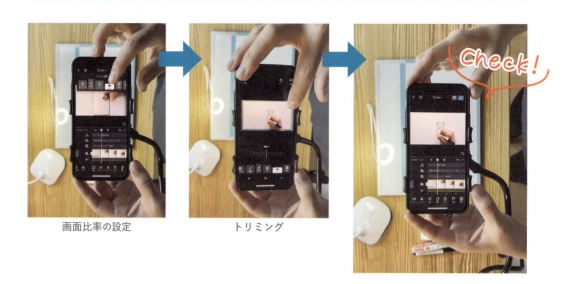

画面比率の設定　　　　トリミング

このとき、スタンドからスマホを取り外してしまうと、ここまでのチェックが無駄になってしまいます。必ずスタンドに取り付けたまま、確認しましょう。

※VNでの詳しい作業方法は、108ページの作業を参照してください。

5

素材集め❷-3

イラスト動画素材の「描画・撮影」

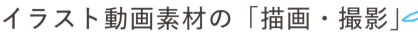

✏ 実際に描画・撮影をする

　撮影準備を終えたら、いよいよ描画・撮影です。ホワイトボードの近くに、絵コンテ、ペン、イレイザーを用意し、カメラの録画をスタートさせて、実際に描画する様子を撮影してみましょう。

　基本的には、録画ボタンを押したら、すべてのコマを描き終えるまで停止しません。これは、画角内の位置のズレを防ぐのと、編集での操作を簡易にするためです。

　位置ズレを防ぐために、83ページで説明した「リモートシャッター」を準備しておくと、スマホ画面に触れずに操作することができるのでおすすめです。

準備ができたら、いよいよ撮影！

では、実際に描く際のポイントを見ていきましょう。

- **1つひとつの絵や文字を描ききることに集中する**

　いざ描こうとすると「急いで描かなきゃ！」と焦ってしまうかもしれませんが、のちほど編集できますので、イラストを描く際は、時間をかけて、ゆっくり丁寧に描くことを心がけましょう。

• **間違って描いても焦らない**

　描いている過程で間違ってしまった場合は、間違った箇所をイレイザーで消して、再度描き直してください。のちほど編集できますので、落ち着いて対処しましょう。

　ただし、前のコマのイラストの上に、間違って描画してしまった場合や、全収録を終えてから間違いに気づいた場合は、描き直しになる場合がありますので、気をつけてください。絵コンテを手元に置き、よく確認しながら描くとよいでしょう。

■ 例：「不動産」の漢字を間違えた

　書き間違いは、描画・撮影の最中に気づいた時点で書き直しをします。下図の例の場合、編集がしやすいように、「不働産」の文字をすべて消してから、「不動産」と書き直します。編集では、「不働産」の書き始めから消し終わりまでをカットします。

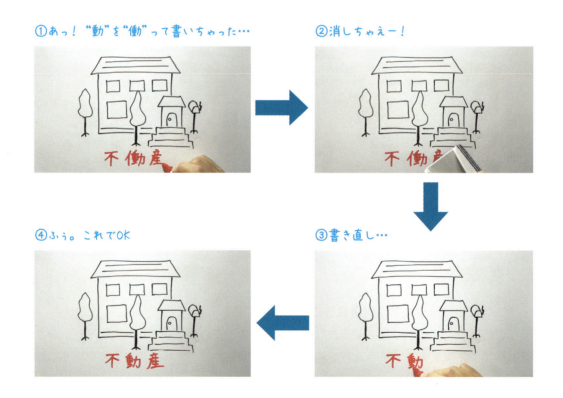

• 描画過程が隠れないように心がける

　描画する際には、手、ペン、ペン先の3つがすべて見える状態で描きましょう。3つが重ならないようにすると、描く場所によっては描きづらい場合もありますが、見栄えが大きく変わりますので意識してみてください。

ペン先が隠れている状態

手、ペン、ペン先が見えている状態

• 描画中に手以外のものが映らないようにする

　イラスト描画素材は、ホワイトボードアニメーションの要となります。撮影中は、ペン（またはイレイザー）を持つ手以外のものが映らないように気をつけましょう。違うものが映り込んでいると目立ってしまいます。

　実際に起こりやすいのが、撮影範囲の枠の中にイレイザーや予備のペンなどが映ってしまう、集中して描いていると前屈みになり、頭や髪の毛が映ってしまうなどです。

　カットできる箇所であれば問題ありませんが、カットできないシーンでは、再収録が必要となってしまう場合がありますのでご注意ください。

イレイザーが映ってしまった！

髪の毛が映ってしまった！

• **描いた絵が消えないように気をつける**

　初歩的なミスですが、よくありがちなのは、描き終えた絵の上に手を置いてしまい、絵が消えてしまうことです。ホワイトボードは消せることがメリットですが、意図しない場面でも簡単に消えてしまうのが難点です。同じ画面上に複数の絵や文字を描く際は、気をつけましょう。

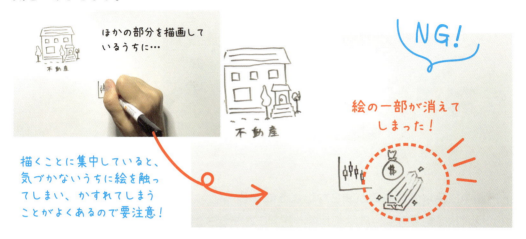

• **イラストが苦手な方はシンプルに**

　前述した通り、イラストを難しく考える必要はありません。どんな表情・ポーズにしたいかを決め、丸や点などで表現すれば十分です。

　最初はポーズを決めるだけでも悩むでしょう。そんなときは、イラストの素材をインターネットで検索し、参考になりそうなイラストを表示させ、シンプルに描く練習をしてみるのがおすすめです。

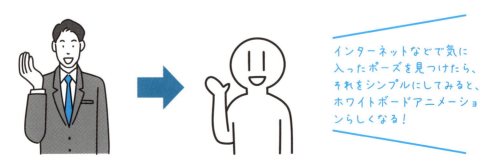

- **1つの絵・1つの文章ごとに、手を一度画角の外へ出す**

　中級者向けのテクニックですが、1つの絵・1つのナレーションの文章ごとに、"手"を撮影している画角の外へ動かします。すると、画角内に"手"が映っていない状態の映像が残ります。これにより、場面の切り替えがはっきりし、ナレーションと映像を調整しやすくなり、映像としても見やすいものに仕上がります。

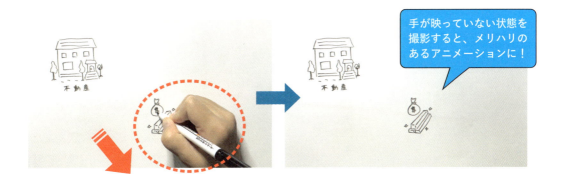

手が映っていない状態を撮影すると、メリハリのあるアニメーションに！

撮影した動画をチェックする

　撮影が完了したら、カメラ位置を変えないように気をつけて、スマホをスタンドにセットしたままで動画を再生してみましょう。このとき、次のチェックポイントを参考に動画の内容をチェックし、必要な場合は再度収録しましょう。

　スタンドや照明を片づけてから動画をチェックしてしまうと、再収録が必要になったとき、再び環境を整える手間が生じてしまいます。忘れずにこのタイミングでチェックしてください。

撮影が終わったら片づける前にチェック！

☑ 絵コンテで描画を予定していた内容はすべて描けたか？

　文字・イラストの抜け漏れはないか確認します。

　動画を再生し、絵コンテと照らし合わせることで、抜けている文字やイラストがないかチェックしましょう。

☑ 絵コンテで決めた描く順番に間違いはないか？

絵コンテ作成の際に、ストーリーに沿って描く順番を決めているため、順番はとても大事です。描く順番が前後していないか確認します。

描き始めると、つい描きやすいほうから描きたくなりますが、ナレーション原稿と連動しているかが重要なので、絵コンテで決めた順番通りに描けているかを確認しましょう。

描き順①　クライアント

描き順②　時計

描き順③　男性

描き順④　プレゼン資料

☑ 光加減が暗すぎたりムラや反射で見づらくないか？

　多少、編集で画面の明るさを変えることや、一定の光加減にすることは可能ですが、撮影した素材自体にムラがありすぎたり、暗すぎたりすると、編集の操作だけでは調整ができません。撮影した映像の光加減の状態を確認しましょう。

　撮影した映像を実際にVN内のフィルター機能で調整します。
　アプリで調整できればOKです。あまりにも撮影した素材の状態が悪ければ再撮影を検討しましょう。

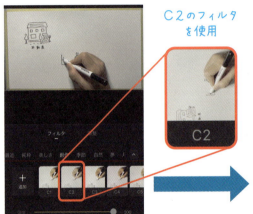

☑ 撮影範囲はしっかり映っているか？

　端までしっかり映っているか確認します。撮影範囲をギリギリに設定した場合、上下左右の端の部分が切れてしまっている可能性があります。

　撮影中にカメラの向きやホワイトボードの位置がずれてしまうこともあります。すべてがきちんと収まって撮影できているか、確認してください。

右上のイラストが切れてしまった…

すべてのイラストが収まっている

☑ カットできないシーンに不要なものが映り込んでいないか？

　画面枠内にペンやイレイザー、または作業者の頭や髪の毛、撮影するカメラの影など、映っていないか確認します。

撮影中は集中して気づかない場合もありますので、撮影後に通して確認しましょう。

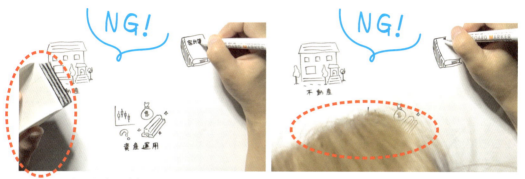

イレイザーが映ってしまった…　　　　　　　髪の毛が映ってしまった…

POINT

　すべてのコマを一度に撮影するのが不安な場合は、1コマごとにチェックしてもかまいません。ただし、描き終えた時点で撮影を止めて確認すると、撮影位置がずれる可能性があるため、1コマ描き終えて、イレイザーで消すところまでを一区切りとして撮影を止めて、チェックするとよいでしょう。

　もし、描いたあとに別の展開を予定している場合は、描き終えた時点で確認し、撮影位置がずれないように注意しましょう。

6 素材集め❸ BGM・効果音素材

　3つ目の素材である、BGMや効果音素材を用意しましょう。
　VN内にデフォルトで入っている音源は、商用利用不可です。そのため、外部の商用利用可能なサイトから探しましょう。ここで紹介するのは、スマホからでも、BGM素材のダウンロードが可能な方法です。

BGM・効果音素材の収集方法

　今回は「DOVA-SYNDROME」というサイトから素材を収集する方法を紹介します。こちらでは、著作権フリーのBGM・音楽素材をMP3形式でダウンロードできます。誰でも無料で利用できるため、おすすめです。
　では、具体的な手順を見ていきましょう。

■ ダウンロードの手順

01 ブラウザから「DOVA-SYNDROME（https://dova-s.jp/）」にアクセスします。

- DOVA-SYNDROME
  https://dova-s.jp/

02

右上の四角をタップすると、音楽の種類を選択する画面が開きます。「BGM素材」を選択するとBGMの一覧が表示されます。

いろいろ試聴して、イメージに合うものを探そう！

03

気になるBGMのタイトルをタップすると、BGMを試聴できるページへ移動します。「▶（再生ボタン）」をタップして、試聴してみましょう。

第4章 アナログ版ホワイトボードアニメーションを制作しよう！

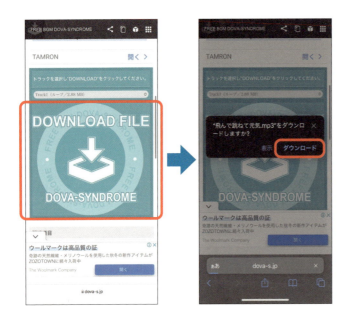

04 気に入ったものが見つかったら、下へスクロールし、「音楽素材ダウンロードページへ」をタップし移動します。

05 ページ移動後、下にスクロールし、「DOWNLOAD FILE ＞ダウンロード」の順にタップします。

06

ダウンロード先からVNに素材を取り込みます（Safariからの場合、下矢印をタップし、ダウンロードをタップします）。

07

一覧から、先ほどダウンロードしたBGMをタップします。

08

共有ボタンをタップし、共有先一覧の中からVNアプリを選択します。

09

VN内のBGMが開きます。保存フォルダを選択し、取り込み完了です。

7 撮影した動画を編集する

　素材がそろったので、ここからは動画の編集方法について説明していきます。動画撮影に使用したスマホに、VNというアプリをダウンロードして編集作業を進めていきましょう。全体の流れは、次の通りです。

> 1．動画素材の挿入と動画の初期設定
> 2．ナレーションデータの取り込みと編集
> 3．動画素材編集①～倍速設定・不要部のカット～
> 4．動画素材編集②～動画編集～
> 5．動画素材編集③～明るさ調整～
> 6．BGM素材挿入・編集 ～ボリューム・フェード設定～
> ※本書に掲載している操作画面は、iPhoneのものです

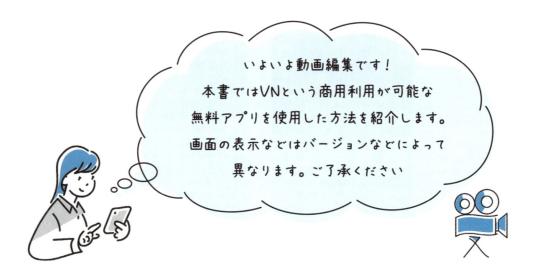

1．動画素材の挿入と動画の初期設定

01 動画素材の挿入

インストールしたVNアプリを起動し、「⊕＞新規プロジェクト＞保存」を順にタップします。そして、編集する素材を選択し、「→」をタップします。

02 無音化

動画素材に収録されている音は使用しないため、音を無音化します。
🔊をタップすると🔇となり、動画の音がミュートの状態になります。

第4章　アナログ版ホワイトボードアニメーションを制作しよう！

03 画面比率を変える

最初に動画素材を挿入したときは、画面比率は「オリジナル」となっています。これを出力したい画面比率に変更します。動画部分をタップするとメニューが表示されます。これで、動画素材が選択されている状態になります。

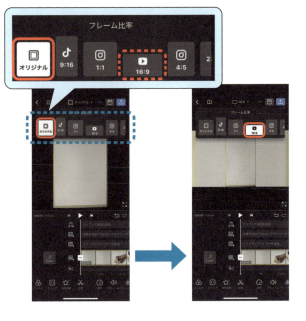

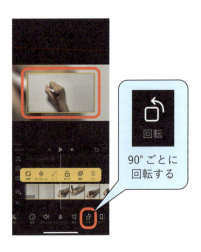

90°ごとに回転する

04 素材を回転させる

画面の素材を2本指でタップしながら傾けます。メニューボタンから操作する場合は、「回転」をタップすると90°ごとに回転します。

05 素材をトリミングする

必要なのはマスキングテープの内側なので、撮影時にこの枠よりも広めに撮影していた場合は、トリミングします。
メニューから「剪る(き)」をタップすると枠が表示され、トリミングができるようになります。

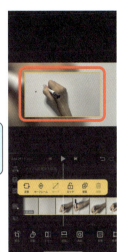

06 素材を拡大する

素材を画面いっぱいに拡大します。手動の場合は、2本指でピンチインすることで拡大できます。メニューボタンより操作する場合は、「適応」をタップすると、画面いっぱいに拡大することができます。

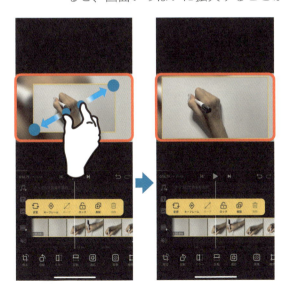

「適応（塗りつぶし）」をタップすると、画面いっぱいになるように拡大される

第4章 アナログ版ホワイトボードアニメーションを制作しよう！

2. ナレーションデータの取り込みと編集

　ナレーションデータの収録については、74ページで解説しました。その収録方法に合わせて、ナレーションデータを取り込み、編集していきましょう。

01

「♫＋＞ミュージック」の順にタップします。

02

「マイミュージック」のタブから、保存したナレーション音声データの横にある「使用」をタップします。

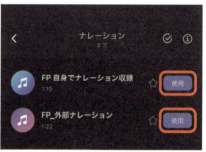

03

画面下の「✓」をタップすると、音声データが編集画面に挿入されます。

VNで録音した場合　　VN以外で録音した場合　　音声データが挿入された状態

■ ナレーション音声データの不要な部分を分割・削除する

音声データの不要な部分を取り除きます。不要な部分とは、読み間違えた箇所や無言が長い箇所などです。

01 ナレーション音声をタップし、削除したい位置の最初を時間軸（白い縦棒）に移動させます。
同様に終わりの部分を時間軸に移動させ、「分割」をタップして、削除したい部分を切り分けます。

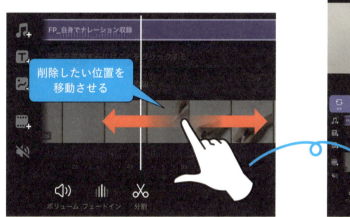

02 切り分けた削除したい音声部分をタップし、表示されたメニューの中から「削除」をタップすると削除されます。

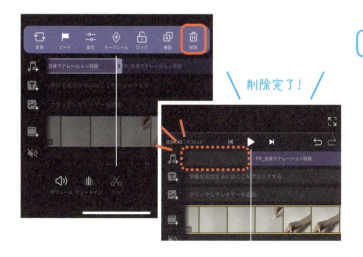

■ ナレーション音声データを移動させる

　ナレーション音声データを移動させたいときは、素材を長押ししたまま、左右の動かしたいほうへ移動させ、配置したいところで指をはなします。

■ ナレーションの配置（間をつくる）

　まず「ナレーションの間」を決めることで、制作する動画のテンポが決まります。イラスト動画の再生時間を確保しつつ、配置していきましょう。この時点では、まだイラスト動画自体の速度は調整していませんので、イラスト動画にナレーションを合わせるのではなく、ナレーション単体で配置していきます。

　なお、この作業については、VNでナレーション収録した場合も、VN以外でナレーション収録した場合も同じです。

▶「間」のイメージ

3．動画素材編集①〜倍速設定・不要部のカット〜

ナレーションの編集が済んだら、動画素材を編集しましょう。まずは、編集しやすいように動画全体のスピードを上げ、不要な部分をカットする手順を解説します。

描画にかかった時間にもよりますが、最初は不要な部分（描き間違いなど）を見逃さないくらいの10倍の速さに設定しましょう（これにより、作業効率もよくなります）。

01　動画の速度を上げる

動画素材を選択した状態で、下のメニューから「速度」をタップします。
「標準」をタップすると、0.1〜100倍速まで選択できます。黄色のバーで速さを選び、「✓すべてに適用」をタップすると、動画のスピードが変わります。

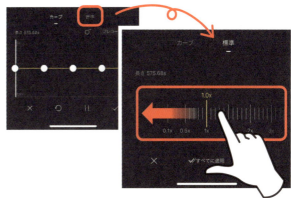
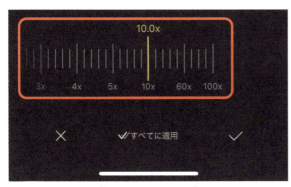

10倍速の状態に
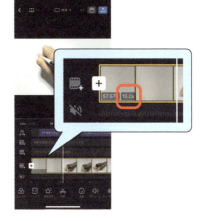

第4章　アナログ版ホワイトボードアニメーションを制作しよう！

POINT

例えば、右図のように文字を間違えて書いてしまった場合があります。撮影した動画には、間違って書いた文字から、一度消して新たに書いた文字の映像があります。「間違って書く」から「消す」の間すべてをカットしましょう。

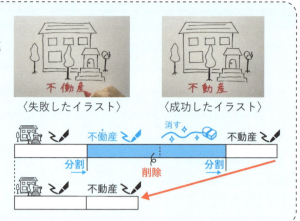

02　不要箇所の削除
カットしたいアニメーションの前後にバーを合わせて「分割」をタップします。

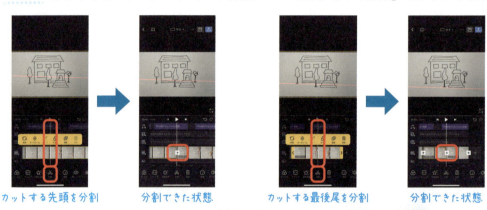

03

「分割」で切り分けた部分を選択し、「削除」をタップします。
これで、動画の不要部分がカットできます。カットしたら、動きに違和感がないか、再生して確認しましょう。

04 ウォーターマークの削除

新しいプロジェクトを作成した際、「VN」のロゴ（ウォーターマーク）が自動で生成されます。これを削除しましょう。
ウォーターマークの動画部分をタップしてから、「削除」をタップすれば完了です。

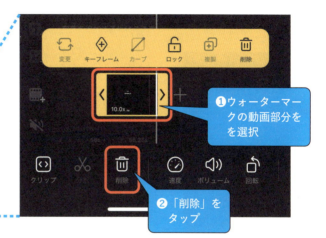

❶ウォーターマークの動画部分をを選択

❷「削除」をタップ

4．動画素材編集②〜動画編集〜

　作業効率を上げるために、最初に全体の速度を10倍に上げましたが、今度は１コマ１コマをナレーションに対して見やすいスピードに調整します。この工程が一番重要です。ホワイトボードアニメーションでは、「イラスト静止時間」「イラスト描画時間」「イラスト消去時間」の３つに分けて、時間の配分を考えます。

> ①**イラスト静止時間**…描画もされず映像に動きがない時間のこと
> ②**イラスト描画時間**…イラストを描画している時間のこと
> ③**イラスト消去時間**…演出でイラストを消すシーンのこと

　ただ描いている映像を早送りするだけだと、ナレーションに合わなかったり、ストーリーが伝わらなかったりします。それぞれの時間でメリハリをつくることで、飽きさせず、理解しやすい映像がつくれます。

■ イラスト静止時間の調整方法

01

イラスト静止時間としたい部分へ移動し、「静止」を選択し、静止画像を生成します。

02

静止画像の再生時間を左右の「< >」を移動させて調整します。

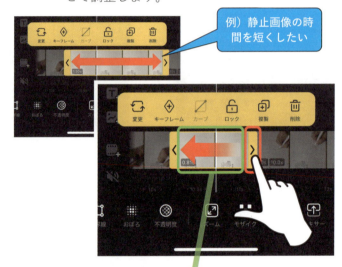

例）静止画像の時間を短くしたい

03

静止画像を生成したら、動画上で停止している部分の映像は削除してもかまいません。

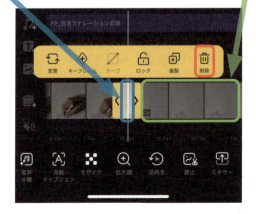

■ イラスト描画時間の調整方法

01
イラスト描画時間としたい部分を114ページと同様の手順で分割します。

❶タイムラインを移動させる

❷「分割」をタップ

02
分割した部分を選択して、「速度」をタップし、113ページと同じ手順で速度を変更します。

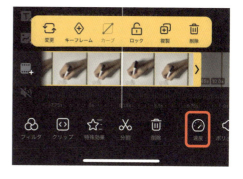

03
コマごとにナレーション音声に合わせて再生速度を変えていきます。手の動きが、ほかのコマと比べて速すぎたり遅すぎたりすると、違和感があるかもしれません。全体のバランスを見て調整してください。

左右に動かして速さを選ぶ

例）30倍速を選択

＼ 設定完了！ ／

第4章　アナログ版ホワイトボードアニメーションを制作しよう！

■ イラスト消去時間の調整方法

　イラスト消去時間としたい部分を分割し、速度を調整し再生時間を変えていきます（作業方法は「イラスト描画時間の調整方法」と同じです）。

　もともとイラスト消去時間はイラスト描画時間に比べて短いので、再生速度を速くしすぎると、視聴中に見えない場合もあります。

　イラスト描画時間に比べて速度を遅くするのがおすすめです。イラスト描画時間と同様に、違和感がないようにバランスを見て調整します。

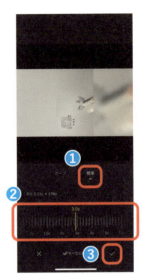

■ 3つの時間の調整ステップ

　3つの時間調整は、慣れるまでは難しいものです。次ページの図を参考に調整してみましょう。

　イラストを描き終えるタイミングは、ナレーション原稿を読み終えるのと同時がベストです。しかし、実際はぴったり同じというのは難しいので、その場合はできるだけナレーション原稿を読み終える前に、イラストが描き終わるようにスピードを調整します。

　例えば、イラストを描き終えたあとに、20秒もの間ナレーションが続いてしまうと、何も描かれていない状態が続いて違和感が出てしまいます。

　どうしても描画時間がナレーションよりも短くなってしまう場合でも、イラストを描き終えたあと、5秒以内にナレーションも終わるよう時間を調整しましょう。

〈素材の状態〉

凡例

- ナレーション
- イラスト動画素材

名　前	意　味
…ナレーション再生時間	ナレーションが読み上げられている時間
…イラスト静止時間	画面内が変化しない状態
…イラスト描画時間	イラストが描かれていく状態
…イラスト消去時間	イラストが消されていく状態
10.0x …イラスト動画素材の再生速度	倍速の数値

第1ステップ　「イラスト静止時間」「イラスト描画時間」「イラスト消去時間」を分割する

第2ステップ　「イラスト静止時間」を〈イラスト停止時間の調整方法〉を見ながら静止画像に変換する

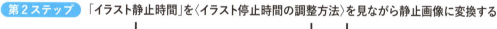

第3ステップ　「ナレーションの尺」と「イラスト描画時間」が同じになるように調整する

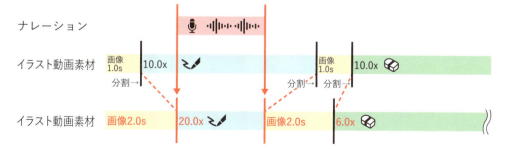

5. 動画素材編集③〜明るさ調整〜

第1章で説明したように、ホワイトボードアニメーションの魅力の1つとして、「コントラストがはっきりしている」という点があります。ホワイトボードの白とペンの黒がきれいに見やすくなるように、動画全体の明るさを調整しましょう。

01

イラスト動画素材を選択し、「フィルタ」をタップします。

02

実際のホワイトボードに近い白色になるようにフィルタを選びます（おすすめは、「創作」のC1、C2です）。そして、「すべてに適用」をタップすると適用されます。

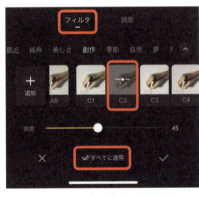

03

必要であれば、「フィルタ＞調整」の順にタップし、手動で「露出」「コントラスト」「明るさ」の3つを調整してください（この作業は、**02**までの作業を行っても、ホワイトボードが黄色っぽくなっていたり、ホワイトボードの白とペンの黒がはっきりしなかったりする場合のみ行ってください）。

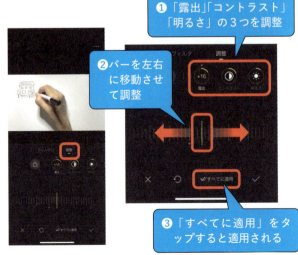

❶「露出」「コントラスト」「明るさ」の3つを調整

❷バーを左右に移動させて調整

❸「すべてに適用」をタップすると適用される

6．BGM 素材挿入・編集 〜ボリューム・フェード設定〜

　ナレーションとイラスト動画の素材編集が終わったら、最後にBGMを挿入し、編集します。

01 VNプロジェクトの編集画面に戻り、「♪＋」ボタンをタップし、「ミュージック」からBGMを挿入します。

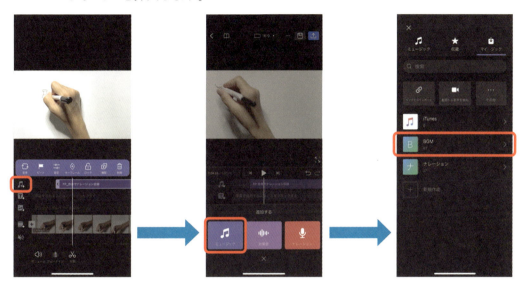

POINT

　このとき、先頭に入っているナレーション素材をタップしてから「♪＋」をタップします。なぜなら、すでに「♪＋」内に素材が入っている場合、最初から先頭の素材までにしか音源が入らないからです。素材を選択した状態でBGMを挿入するとBGM操作バーが2段になり、BGMとナレーションの同時再生が可能になります。

　こうすることで、レイヤーが増え、先端と末端だけを調整すれば、BGMを動画全体の尺で取り込むことができます。

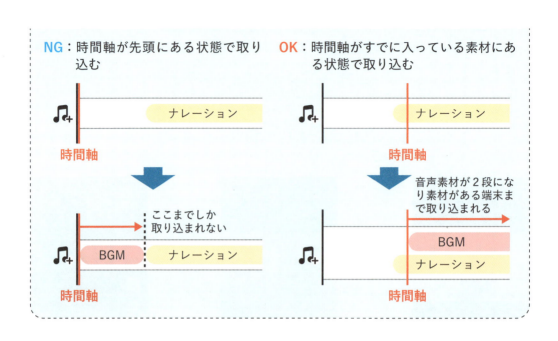

02

BGMを選び、「使用>✓」の順にタップします。

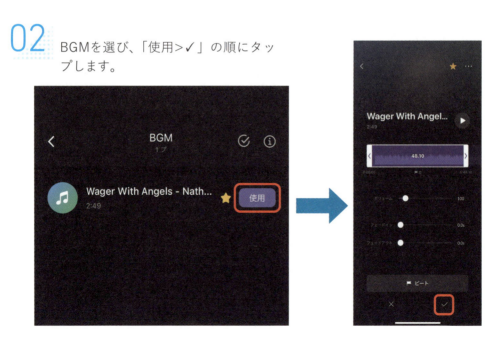

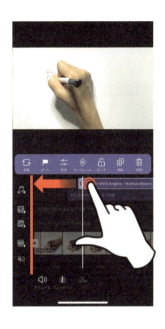

03

取り込んだBGMをタップしたまま、タイムラインの先頭まで移動させます。

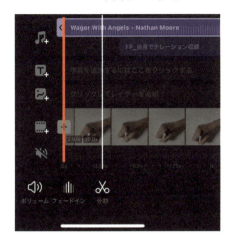

タイムラインの先頭にBGMが入っている状態

04

BGMを選択し、「設定」をタップします。

05

ボリューム、フェードイン、フェードアウトを調整し、「✓」をタップすると適用されます。

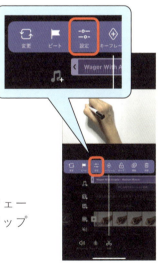

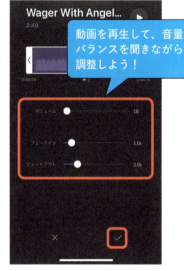

動画を再生して、音量バランスを聞きながら調整しよう！

　以上が、動画編集の流れです。

　動画編集は、映像イメージをとにかく形にする工程です。ツールなど手段はさまざまありますので、あなたのやりやすい方法を試してみましょう。映像の早送りとナレーションがマッチしていれば、表現としては成り立ちます。慣れてきたら、徐々にいろいろな表現方法を増やしてみましょう。

第4章　アナログ版ホワイトボードアニメーションを制作しよう！

8 編集した動画を出力する

　編集作業が済んだら、いよいよ出力です。VNアプリの編集画面から、希望の解像度とフレームレート（fps）を選び、「書き出す」をタップすると書き出しが始まります。フレームレートとは１秒間に何枚の画像で構成されているかを表します（例：30/fpsは、１秒間に30枚の画像ということです）。

　４Ｋで動画を撮影した場合、４Ｋ画質のまま出力が可能です。ただし、少々書き出しに時間がかかります。

　おすすめは、「1080p/30fps」です。この解像度であれば、SNSで確認しても、きれいな状態でアップロードすることができるでしょう。

■ 書き出しの手順

01　VNアプリの編集画面の右上にある「↥（書き出しボタン）」をタップします。

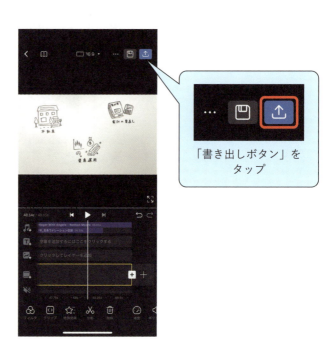

「書き出しボタン」をタップ

02

「手動」から解像度とフレームレート（例：1080p／30fps）を選択し、表示された「書き出す」のボタンをタップすると、書き出しがはじまります。

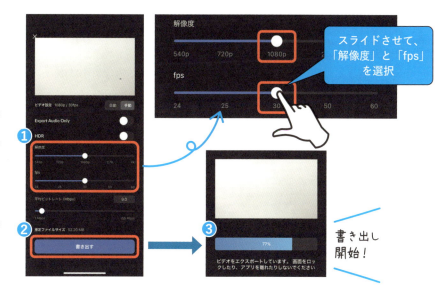

スライドさせて、「解像度」と「fps」を選択

書き出し開始！

03

書き出し終了後、スマホに保存する場合は「保存のみ」を選択します。

念のため、スマホの動画保存先のデータを確認しましょう。

「保存しました」が表示されれば、保存されている

知っておくと便利な VNの操作方法

　ここまで基本的な編集方法を解説しましたが、VNの細かな使い方について、ここで補足します。ちょっとしたことですが、知っておくと便利です。

■ プロジェクト名の変更方法

01 プロジェクト一覧の「…」をタップし、「名前を変更」をタップします。

名前を変えたいプロジェクト名の右端にある「…」をタップ

変更完了！

02 変更したい名前を入力し、完了をタップすれば変更完了です。

■ 編集中に一時保存し、再開する方法

01 プロジェクトの編集画面の「保存マーク」をタップし、プロジェクト一覧に戻ります。

※「＜」ボタンでも保存してプロジェクト一覧画面に戻りますが、作業保存状態が不確実なため、「保存マーク」をタップすることをおすすめします。

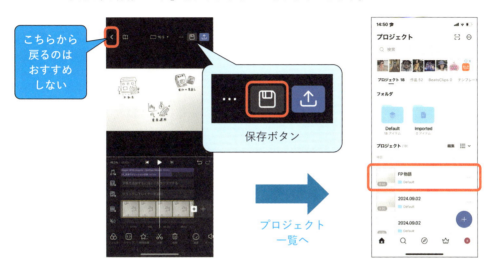

02 逆にプロジェクト一覧から、保存したプロジェクトをタップすると、プロジェクトの編集画面が開きます。

第 5 章

デジタル版
ホワイトボードアニメーションを
制作しよう！

1 デジタル版ホワイトボードアニメーション制作とは

　本章では、デジタル版ホワイトボードアニメーションの制作方法について、詳しく解説していきます。

✏️ VideoScribe（ビデオスクライブ）とは？

　本書では、ホワイトボードアニメーション制作ソフト「VideoScribe」を利用した方法を解説していきます。

▶ **VideoScribeのダウンロードサイト**

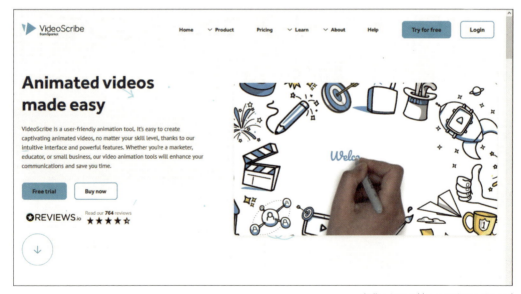

出典：https://www.videoscribe.co/

VideoScribeとは、イラストや文字素材を配置するだけで、実際に目の前で人が描画しているような"手書き風描画"の演出ができるパソコン用動画編集ソフトです。

　VideoScribeの中には、"手書き風描画"の演出ができるイラスト素材が多数用意されていて、カテゴリーに分けると、約40種類あります。

　また、VideoScribeに用意されているキャンバスサイズは無限です。上下左右に素材を配置したり、大きさを拡大・縮小して表示することで、見応えのある動画に仕上がります。

　自分で素材を準備せず、VideoScribe内に用意されている素材を配置するだけでも、クオリティーの高い動画を制作することができます。

　ただし、VideoScribeは有料です。ほかのアニメーションソフトと比べると安価ではありますが、アナログ版に比べると高くなります。料金プランをチェックして、検討してください（2024年10月現在、7日間の無料体験が可能です）。

▶ **VideoScribeの特徴**

〈メリット〉
- 操作がシンプルで簡単
- 描く"手"の種類（男性、女性、モンスターなど）や肌の色、ペンの種類や色、イレイザーなどがたくさん用意されている
- デフォルトのイラストも豊富だが、さらにオリジナルのイラストでのアニメーション制作をしたい場合も、シンプルな操作で幅広く活用できる
- ほかのホワイトボードアニメーション制作ソフトよりも、コストパフォーマンスが高い

〈デメリット〉
- テキストフォントが日本語対応のものが少なく、日本語対応のフォントを使用しても、本来の書き順通りの描画でないことがある
- アナログ版と比較すると使用料がかかってしまう

2 VideoScribeの操作方法
～基本の基本をおさえよう～

はじめに、VideoScribeの基本的な操作方法について解説していきます。

✏️ VideoScribeを起動させる

　まず、新規作成画面を開きましょう。「Create a new scribe」をクリックすると、新規作成画面が開きます。

　その下にある「Open scribe」をクリックすると、保存されているScribeファイルを開くことができます。Scribeファイルとは、VideoScribeで制作したプロジェクトファイルのことを言います。

01

トップ画面より新規作成のための「Create a new scribe」と、保存したファイルを開く「Open scribe」を選択できます。

新規作成（Create a new scribe）

保存したScribeファイルを開く（Open scribe）

02

「Create a new scribe」をクリックすると右のような画面が開きます。「Project name」のところにプロジェクト名を入力し、画面比率を選択して、「Create project」をクリックすると、新規作成ができます。

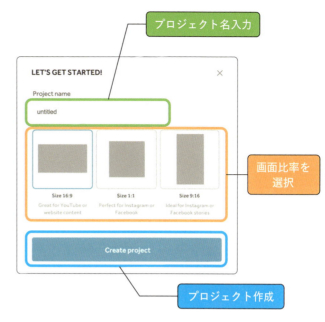

03

右図のような新規作成画面が開いたら、作成を始めましょう。

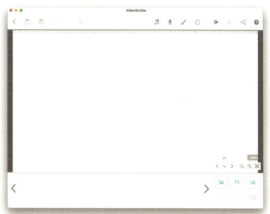

✏ Scribeファイルデータの保存

「Scribeファイル」を保存しておくことで、制作途中の状態を保存することができ、そのファイルを開くことで、そこから動画編集を再開することができます。

操作方法は次の通りです。

01 左上の「Save」ボタンをクリックします。

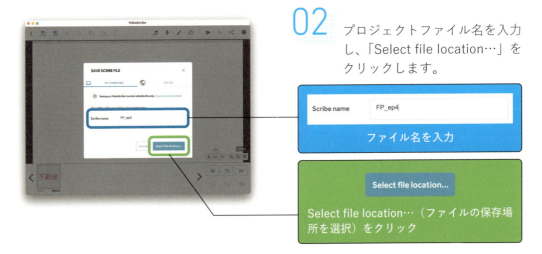

02 プロジェクトファイル名を入力し、「Select file location…」をクリックします。

ファイル名を入力

Select file location…（ファイルの保存場所を選択）をクリック

03 Scribeファイルを保存したいフォルダを選択し、「Open」をクリックすると保存されます。

※キャンバス上にイラスト素材が何もない状態だと保存できないため、「イラスト・文字素材の配置・調整」（153ページ）の手順で、何か1つ素材を挿入してから上記の手順で保存してください。

作成画面の操作ボタン

　作成画面の操作ボタンについて図にまとめました。こちらをもとに、基本操作を覚えましょう。

■ **Scribeファイル編集画面のボタン**

■ A：基本操作・設定エリア

　プロジェクト保存・コピー・カット・再生・出力などの基本操作からプロジェクト全体に設定する音・背景・手などを設定できます。

Save（Scribeファイルの保存）：プロジェクトファイルの保存

Save as（Scribeファイルを別名で保存）：プロジェクトファイルを別名で保存

Cut（カット）：選択した素材をカットする

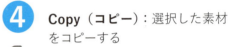

Copy（コピー）：選択した素材をコピーする

Paste（ペースト）：カットまたはコピーした素材をペーストする（貼り付ける）

Undo（操作1つ戻る）：操作を取り消し、1つ前の状態に戻る

7 Redo（操作1つ進む）：取り消した操作を復元する

8 Scribe Music（BGM）：BGM素材を操作。デフォルトで用意されているBGM素材があるが、VideoScribe以外で用意したBGM素材を追加することも可能。BGMの音量を調整する機能もある

9 Voiceover（ナレーション）：ナレーション素材を操作。ナレーションを録音することができるが、録音した音声の編集はできない。VideoScribe以外で用意したナレーション素材を追加することも可能。ナレーションの音量を調整する機能もある

10 Background Options（背景）：アニメーション画面の背景を変更できる。材質やカラーの変更も可能

11 Default scribe hand（デフォルトの手）：プロジェクト全体に対して、アニメーション表現の"描画"のときに登場する"手"を設定

12 Play from start（はじめから再生）：タイムライン上に並ぶ素材の最初からアニメーションを再生する

13 Play from current element（選択した素材から再生）：選択した素材からアニメーションを再生

14 Download or publish scribe video（出力）：動画ファイル形式などへ変換し、書き出す。

15 About and Help（ヘルプ）：操作方法がわからなくなったときに、ここから確認できる

■ B：画面

　表示される画面サイズは、設定した画面比率のサイズになります。イラストや文字素材などの要素を取り込み、画面のどの位置にどのサイズで登場させるか、調整します。

⑯ **画面**：画面内の素材の位置とサイズ、カメラ設定における位置とサイズを調整する場所

⑰ **イラストや文字素材などの要素**：イラストや文字素材の最大サイズで取り込んだ素材

［移動］
要素をクリックした状態で移動させると、要素の位置を移動できる。
要素がない場所で移動させると、画面内を移動できる（⑲でも同じ操作ができる）

［拡大／縮小、回転］
要素の周りの枠の白い四角をクリックした状態で移動させると、要素自体を拡大／縮小できる。
上部にある青い丸をクリックしながら回転方向に移動すると、中心を軸に回転できる。
要素がない場所でマウスを前後にスクロールすると、画面を拡大／縮小できる（⑳でも同じ操作ができる）

⑱ **タイムライン上の要素**：画面内の要素とタイムライン上の要素は連動している。タイムライン上の要素の ❯ をクリックすると、「Quick menu（クイックメニュー）」が開く

⑲ **移動**：画面が移動する

⑳ **拡大／縮小**：画面を拡大／縮小する

㉑ **サイズ**：画面サイズの％を確認できる。キャンバスが無限に拡大／縮小できるため、画面サイズが何％のときに要素サイズがどれくらいかなど、掛け合わせて確認することで、編集で間違えないように設定できる

㉒ **Fit to screen（画面にフィット）**：画面内の素材がある範囲の最大の位置に拡大・縮小する

■C：素材追加

イラストや文字素材の追加に関するアイコンです。

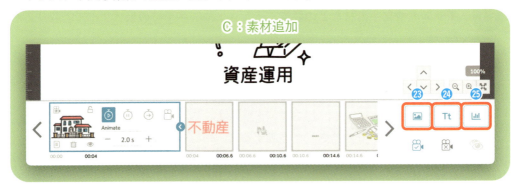

23 **Add new image（イメージ追加）**：デフォルトの描画付きsvg形式のイラスト素材から選択できる。VideoScribe以外で用意したイラスト素材を追加することも可能

ここからイラスト素材を探せる

24 **Add new text（テスト追加）**：テキストを追加できる。フォント・太さ・色味などを調整することも可能。日本語の正しい書き順で描けるフォントは、「Mplus 1p（ゴシック体）」と「Sawarabi Mincho（明朝体）」の2つなので注意

25 **Add new chart（グラフ追加）**：フォームを入力するとグラフを生成できる

■ D：カメラ設定

　VideoScribeでは、画面内のどの位置に、どのサイズでイラストや文字素材を映し出すか、カメラを設定します。1要素に対して1つのカメラ設定が可能で、これによりアニメーションの見せ方が変化します。

㉖　**Set camera to current position（カメラ設定）**：追加したイラストや文字素材に対して、表示する位置とサイズをカメラ設定できる

㉗　**Clear element's camera position（カメラ設定をクリアする）**：㉖で設定したカメラ設定を解除できる。カメラ設定がない場合、素材は中央に拡大されて表示され、アニメーションが終わると、次の素材に移動して同じように中央に拡大されて表示される

㉘　**Unhide all elements（すべての要素を非表示解除）**：非表示設定しているすべての要素に対して、非表示を解除する

■ **E：タイムライン**

タイムラインでは時間軸に沿って要素が並び、編集できるエリアです。

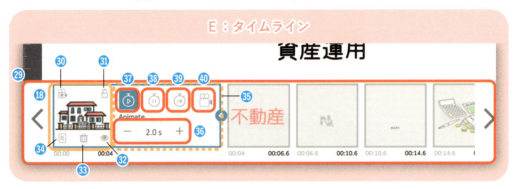

㉙ **タイムライン**：イラストや文字素材を時系列に配置して編集するためのエリア。ここで、各素材の順番、再生時間、アニメーション表現（描画、フェードインなど）などを視覚的に確認しながら編集を行う

㉚ **View element's camera position（カメラポジション確認）**：素材に設定しているカメラポジション（位置、サイズ）を確認

㉛ **Lock element（ロック）**：タイムライン上の特定のイラストや文字素材などの要素をロックでき、画面内の操作を停止できる。画面内で要素を選択できる状態だと、誤操作で位置やサイズを変更してしまう場合があるため、それを防げる（特に重なった状態で素材を使用する場合など）

㉜ **Hide element（非表示）**：タイムライン上の特定のイラストや文字素材などの要素を一時的に非表示にする機能。編集時にその要素を見えなくすると、ほかの要素や全体の編集に集中しやすくなる。非表示にした要素は、いつでも再表示することができ、完全に削除されるわけではない

㉝ **Delete element（削除）**：イラストや文字素材などの要素を削除できる

㉞ Element properties（プロパティ）：選択したイラストや文字素材などの要素の詳細設定（プロパティ）ができる画面に移動する。プロパティでは、GRAPHIC FILTERS（グラフィック効果）、DRAWING OPTIONS（アニメーション設定）、時間設定、DRAWING HAND（手（個別））などが操作できる（プロパティ内の説明は146ページ参照）

㉟ Quick menu（クイックメニュー）：イラストや文字素材などの要素に対して時間設定とカメラ設定を簡易的に設定できるメニュー画面。各種操作画面に移動せずに設定ができる

㊱ 秒数設定：㊲〜㊴のアニメーション秒数を設定する。秒数は＋または−ボタンから操作した場合、0.5sごと増減する。数値を手入力した場合、最小タイムは0.1sから設定できる

㊲ Change animate time（描画時間）：イラストや文字素材などの要素が描かれる（表示される）時間を設定できる

㊳ Change pause time（静止時間）：イラストや文字素材などの要素が表示されたあとに、カメラ位置のまま静止する時間を設定できる

㊴ Change transition time（移動時間）：イラストや文字素材などの要素が次のエレメント（素材）にカメラ移動する時間を設定できる

㊵

Change camera settings（カメラ設定変更）：カメラ設定ができる。 左から順に、「㉖（ ）Set camera to current position（カメラ設定）」「㉗（ ）Clear element's camera position（カメラ設定をクリアする）」「㉚（ ）View element's camera position（カメラポジションの確認）」の操作が可能

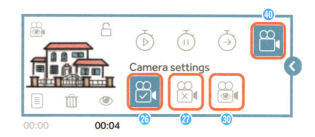

■ IMAGE PROPERTIES（イメージプロパティ）画面内の操作ボタン

㉞ 📄 **Element properties（プロパティ）**をクリックすると表示される画面内の操作ボタンです。素材の種類（イラストかテキストか）によってプロパティ内での設定内容が一部変わります。

　イラスト素材（svg、png、jpeg）の場合、プロパティ名は「IMAGE PROPERTIES（イメージプロパティ）」となり、テキスト素材の場合は、「TEXT PROPERTIES（テキストプロパティ）」となります。では、まずはこの「IMAGE PROPERTIES（イメージプロパティ）」内の３つのタブの中身を見てみましょう。

● DRAWING OPTIONS（ドローイング設定タブ）

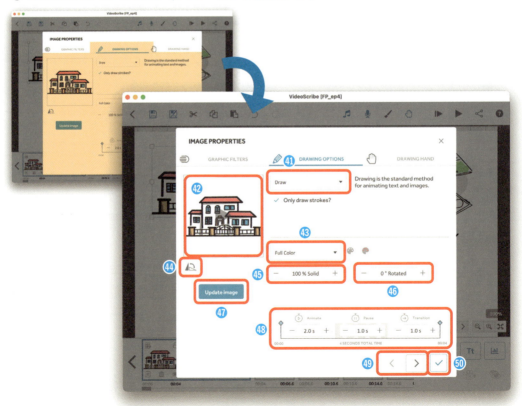

㊶ **Change the way the image is drawn（アニメーション設定）**：Draw、Move in、Fade inの3つから選択できる

㊷ **PREVIEW（プレビュー）**：設定中の映像を再生し、確認することができる

㊸ **Change the color effect（カラー効果設定）**：Full Color、Outline、Grayscale、Silhouetteから色の効果を選択できる

㊹ **Flip Image（画像を反転）**：水平反転、垂直反転ができる

㊺ **Opacity（不透明度）**：不透明度設定ができる

㊻ **Revolve the image around its center（角度設定）**：中心を基準にした角度を設定できる

㊼ **Update image（画像を更新）**：プロパティ情報を維持したまま、イメージ素材を変更

㊽ **時間設定**：㊲〜㊴の時間設定ができる

㊾ **Save changes and open next element（変更を保存して次の要素を開く）**：変更内容を保存し、プロパティを開いた状態のまま、次の要素の設定ができる。これにより、効率よく作業できる

㊿ **変更を完了**：設定の変更を完了し、反映させる

● GRAPHIC FILTERS（グラフィック設定タブ）

Blur（ぼかし）、Glow（明るさ）、Brightness（輝度）、Saturation（彩度）、Contrast（コントラスト）の設定ができる。
イラストや文字素材などの要素にないグラフィック効果をあとから追加できる。

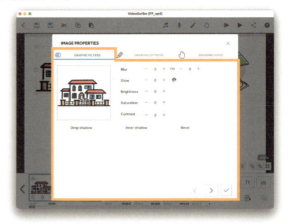

● DRAWING HAND（手の個別設定タブ）

選択したイラストや文字素材などの要素に対して、アニメーション表現を「Draw（描画）」または「Move in（移動）」を選択した場合、"手"設定を変更できる。一部イレイザーを使いたいなど、一部だけ"手"を変更したい場合に、設定を変更する。

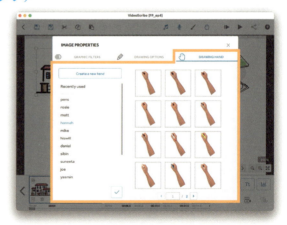

■ TEXT PROPERTIES（テキストプロパティ）画面内の操作ボタン

　テキスト素材の場合、㉞ 🗏 Element properties（プロパティ）をクリックすると「TEXT PROPERTIES（テキストプロパティ）」が表示されます。そして、イラスト素材の3つのタブに加え、「EDIT TEXT」というタブが出てきます。

● EDIT TEXT（テキストの編集）

㉔と同様にテキスト情報を再編集することができる。

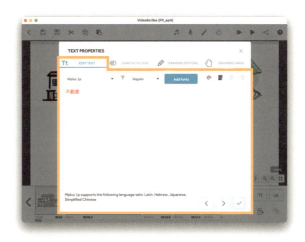

● DRAWING OPTIONES（ドローイングの設定タブ）

㊶Change the way the image is drawn（アニメーション設定）に「Rain drop」「Punch」「Fade wave」「Typewriter」の４つが追加される。

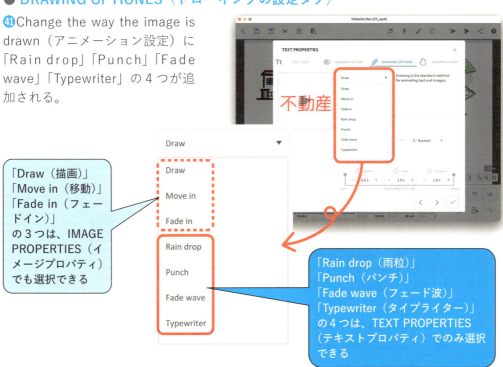

「Draw（描画）」「Move in（移動）」「Fade in（フェードイン）」の３つは、IMAGE PROPERTIES（イメージプロパティ）でも選択できる

「Rain drop（雨粒）」「Punch（パンチ）」「Fade wave（フェード波）」「Typewriter（タイプライター）」の４つは、TEXT PROPERTIES（テキストプロパティ）でのみ選択できる

第５章　デジタル版ホワイトボードアニメーションを制作しよう！　147

よく使うショートカットキー

　ショートカットキーを使うと、作業スピードはぐっと速くなります。ここでは、特に頻繁に使用する6つのショートカットキーを紹介します。MacとWindowsで異なるため、留意してください。

アイコン	意味	Mac	Windows
✂	カット	⌘ + X	Ctrl + X
🗐	コピー	⌘ + C	Ctrl + C
📋	ペースト	⌘ + V	Ctrl + V
↶	1つ戻る	⌘ + Z	Ctrl + Z
↷	1つ進む	⌘ + Shift + Z	Ctrl + Shift + Z
💾	保存（初回、上書き）	⌘ + S	Ctrl + S

再生ボタンの確認

　Scribeファイルの編集中は、映像を何度も再生して確認します。2つの再生ボタンをうまく利用しましょう。

■ 最初から再生する場合

左の再生ボタンをクリックします。すると、最初の素材を選択しなくても、必ず最初から再生されます。

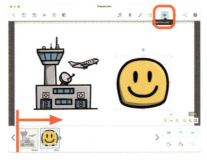

■ 選択したエレメントから再生する場合

右の再生ボタンをクリックします。そうすると、選択したエレメント（イラストや文字などの素材）から再生されます。

✏️ VideoScribeを使ったワークフロー

　まずは、制作手順の全体像をつかみましょう。本書では、次ページ図の流れに沿って解説していきます。

　制作フローを上から下へたどり、必要な素材を準備していきます。

　素材の準備方法は、大きく分けると「自身で新たに作成する（つくる）」または「自身以外が作成した素材を用意する（探す）」となります。

　難易度で言うと、右に行くほど、作業が複雑で多くなります。例えば、イラストは作成できないけれど、ナレーションは自身で作成できる場合、次ページ図の黄色の囲みのような流れで作業を選択しましょう。

▶VideoScribeの制作フロー

制作の難易度　Lv1… ▪　Lv2… ▪　Lv3… ▪

制作方法				
1. ナレーション音声を取り込む	**VideoScribeで収録する** ※編集、調整ができないため紹介しません	**VideoScribeに取り込む(MP3)** ナレーターに依頼しナレーション音声データを使用（外部）	**VideoScribeに取り込む(MP3)** 別ソフトを使用し自身で収録する（カスタム）	
2. イラスト・文字素材の配置・調整				
2-1. イラスト・文字素材取り込み				
イラスト	**VideoScribeから素材を探す** 「svg素材」Draw手書き描画できる素材	**VideoScribeに取り込む（イラスト、文字）** 外部サイトで探す「jpeg, png素材」Movein, Fadeinでの表示	**VideoScribeに取り込む（イラスト、文字）** カスタムイラストを作成する「svg素材」Draw手書き描画できる素材	
文字	**VideoScribeで入力する** 「書き順遵守の手書き描画可能」 日本語対応：「Mplus1p」「SawarabiMincho」			
2-2. 素材位置決め・調整	**VideoScribe素材を配置する** 素材の位置関係やサイズを調整します。無限キャンバス内に自由自在に配置してOK！			
3. カメラ・時間・アニメーション表現設定	**カメラ設定／時間設定／アニメーション表現を設定する** 「カメラ設定」個別の素材に対して、どの位置表示サイズで再生するかを設定する 「時間設定」素材が描かれる（表示される）時間、次の素材に移動する時間などを設定する 「アニメーション表現」個別の素材に対してDrawやMovein、Fadeinなどを設定する			
4. "手"の設定	**"手"を設定する** 「グローバル設定」全体に対して"手"を設定。「ローカル設定」個別の素材に対して"手"を設定。「ローカル設定」が優先される			
5. BGM設定	**VideoScribeから素材を探す** デフォルト素材から選択する	**VideoScribeに取り込む** 外部BGMを探す(MP3)		
6. 出力	**出力する** 動画を出力する			

ステップ1．ナレーション音声の取り込み
ステップ2．イラスト・文字素材の配置・調整
ステップ3．カメラ・時間・アニメーション設定
ステップ4．"手"の設定
ステップ5．BGM設定
ステップ6．出力

3 ステップ1
ナレーション音声を取り込む

まずは、VideoScribeにナレーション素材を取り込みます。ナレーション素材を用意する方法については、193ページを参照してください。取り込みの手順は次の通りです。

01 「Voiceover」をクリックします。次に、「Import MP3」をクリックします。

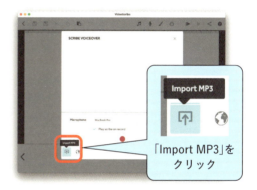

02 取り込みたいナレーション素材を選択し、「Open」をクリックします。

❶ナレーション素材を選択

❷「Open」をクリック

03 「✓」をクリックします。

04 VideoScribe内にナレーション素材が取り込まれます。

マイクが
青くなっていれば
OK

4 ステップ2
イラスト・文字素材の配置・調整

🖊 イラスト・文字素材の取り込み

　ステップ2では、イラストや文字素材を挿入していきます。VideoScribe内には、さまざまなイラストや文字のデータが用意されています。そちらを使用すると、手軽に作成することができるでしょう。ただ、あなたのイメージ通りのイラストや文字素材が必ずあるとは限りません。その場合は、別途用意したイラストや文字素材をVideoScribeに読み込ませて使用してください。

■ VideoScribe内のデフォルト素材を使用する

　まずは、VideoScribe内に用意されている素材を使用する手順を見てみましょう。

01 「Add new image」をクリックします。

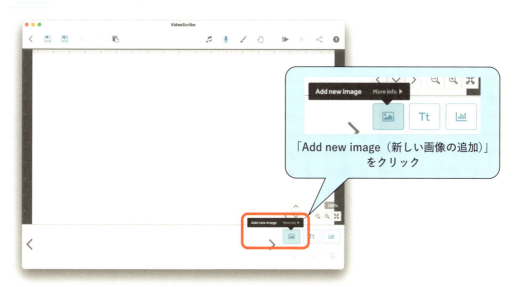

「Add new image（新しい画像の追加）」をクリック

02

「Select a category」のタブから、素材を探します。例えば、"Buildings and Landmarks"のカテゴリーを選択して、気に入ったイラストをクリックすると、編集画面に挿入されます（VideoScribeは2024年10月現在、日本語サポートがされておらず、カテゴリーなどの表記はすべて英語です）。

英語のカテゴリー表記から選択

気に入った素材をクリックすると、タイムライン上に挿入される

03

Searchタブから、英語でキーワードを検索すると、カテゴリーを越えてキーワードに関連するイラストを探すことができます。

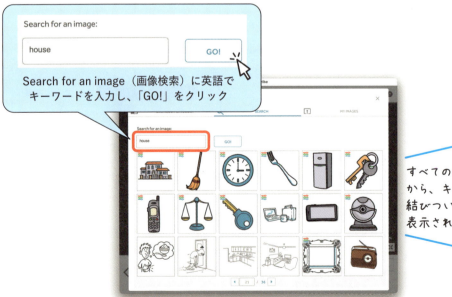

Search for an image（画像検索）に英語でキーワードを入力し、「GO!」をクリック

すべてのカテゴリーから、キーワードに結びついた素材が表示されます！

■ 外部データを取り込む

　次に、別途自身で用意したイラスト素材や文字素材（SVG、PNG、JPEGデータ）をすべてVideoScribe内に読み込みます（表示時間の設定は、のちほど行います）。取り込む手順を見ていきましょう。

〈VideoScribeの操作画面から素材を取り込む場合〉

01　「Add new image」をクリックします。

02　「My Images」のタブから「From my computer」をクリックします。

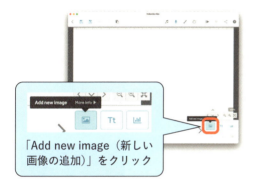

03　保存先フォルダーを開き、素材を選択します（複数選択可能）。

04　「Open」をクリックすると素材が取り込まれます。

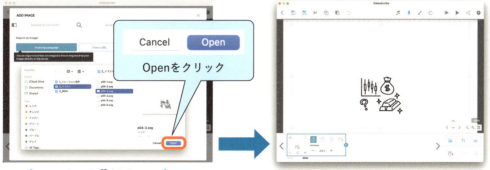

第5章　デジタル版ホワイトボードアニメーションを制作しよう！

〈パソコンのフォルダからドラッグ＆ドロップで素材を取り込む場合〉

01

VideoScribeを開いた状態で、素材を保存しているフォルダを開きます。

02

取り込みたい素材を選択した状態で、ドラッグ＆ドロップでVideoScribeの画面に移動します（複数選択可能）。

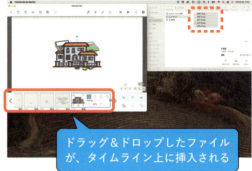

ドラッグ＆ドロップしたファイルが、タイムライン上に挿入される

03

クリックした指を離すと、素材がVideoScribe上に取り込まれます。

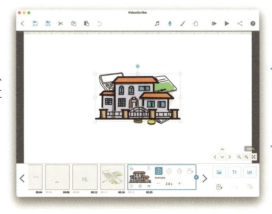

複数の画像を一度にドラッグ＆ドロップすると、簡単に取り込めます

VideoScribeのテキストを使用する

　VideoScribe上でテキストを入力し、それを文字素材として使用することができます。ただし、2024年10月現在、日本語が正しく表示されるフォントは「Mplus1p」と「Sawarabi Mincho」の2種類です。日本語を入れたい場合は、このどちらかを選択してください。具体的な手順は次の通りです。

01

「Add new text」をクリックします。

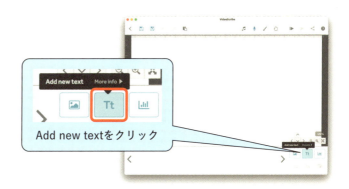

02

「ADD TEXT」の画面が開いたら、文字を入力します。
必要に応じて、フォント、色、段落を変更します。日本語の場合、フォントは「Mplus1p」か「Sawarabi Mincho」を選択してください。

03

「✓」をクリックすると、タイムラインに挿入されます。

✎ イラスト素材をタイムライン上で並べ替える

　VideoScribeでは、タイムライン上に並んだ素材順にアニメーションが再生されます。タイムラインにある素材の順番が、絵コンテで決めた描く順番になっているか確認しましょう。順番が正しくない場合は、以下の手順のようにタイムライン上の素材を左右に移動させて、再生する順番を変更します。

▶ 絵コンテとVideoScribeのタイムライン

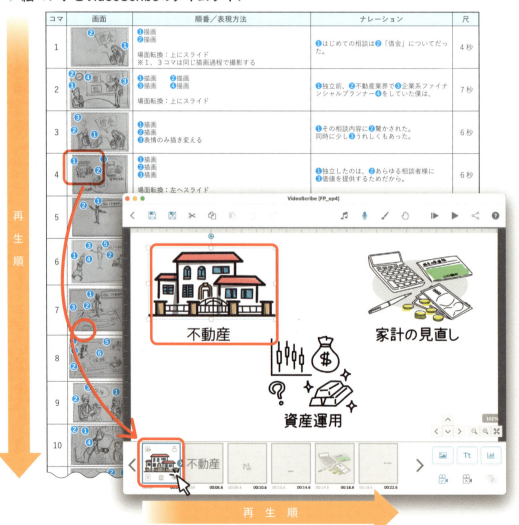

01

タイムライン上にある素材をクリックします（複数素材を選択したい場合はShiftを押しながらクリックします）。

選択されている部分は青い線で囲まれます

「不動産」の文字素材をクリック

02

クリックしたまま移動させたい方向へ移動させます。先に再生したい場合は左、あとに再生したい場合は右へ移動させます。

クリックしたままの状態で左へ移動

03

クリックを離すと、希望の並び位置に移動完了です。

クリックを離す

✏️ イラスト素材を配置・調整する

　VideoScribeのキャンバスサイズは無限のため、素材のサイズや配置を自由に設定することができますが、逆にズレが起きやすいとも言えます。それを防ぐために、画面サイズの基準を設定しましょう。本書では、画面サイズの基準を100％とした上で、VideoScribe上のイラスト・文字素材を選択し、絵コンテで決めた位置やサイズに、移動や拡大・縮小して配置します。

■ 画面の操作方法

移動：何も素材がない箇所をクリックしながらマウスを動かして移動させます。または、画面上の移動アイコンを使用してください。

拡大・縮小：マウスのホイールを前後させます。または、画面上の拡大・縮小アイコンを使用してください。

　　　　　　　　　　　　　　※画面調整の基本ボタンは138ページの「B：画面」を参照。

■ 素材の操作方法

移動：素材をクリックしながらマウスを動かして移動させます。

拡大・縮小：素材をクリックすると出てくる枠の四角をクリックしながらマウスを移動させます。四隅にある四角は、素材の比率を変えずにサイズを変更します。十時方向にある四角は、素材の比率を変えながらサイズを変更します。

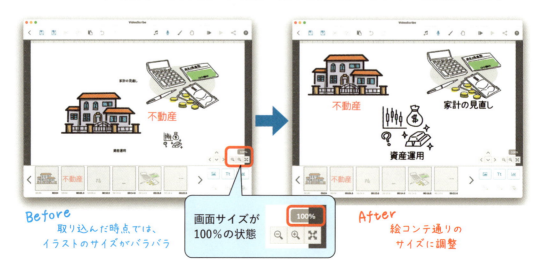

✏️「VideoScribe」デフォルト素材のグラフィック効果を変更する

　デフォルト素材のままだと、色味にばらつきがあり、印象や雰囲気に統一感が出せない場合があります。その場合はグラフィック効果を変更してみましょう。

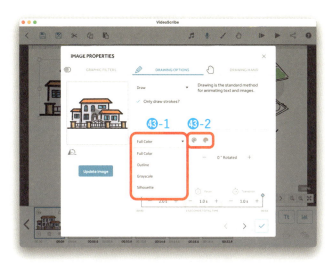

壁と屋根の色を明るく変更

㊸-1 Change the color effect（カラー効果設定）：Full Color、Outline、Grayscale、Silhouetteからカラー効果を選択できる
　・**Full Color**：線画と塗りで構成される
　・**Outline**：イラストが線画になる
　・**Grayscale**：グレーの明暗で構成される
　・**Silhouette**：線画はなくイラスト自体がすべて塗りになる

▶ **Change the color effect（カラー効果設定）**

Full Color（線画と塗りで構成）

Outlineの場合（線画イラスト）

Grayscaleの場合（グレーの明暗で構成）

Silhouetteの場合（イラストすべてが塗り）

㊸-2 **カラー変更**：色味を変更できる。色味はパレットまたはコードから選択できる。㊸-1で選択したカラー効果によって変更する場所が変わる
　　　　A：**Full Color**（デフォルトで指定された範囲のPrimary color［原色］、Secondary color［二次色］が変更できる。イラストによって指定できる色の数が違う）
　　　　B：**Outline**（線の色を変更できる）
　　　　C：**Grayscale**（グレーのコントラストの量を％で設定できる。％の数字が大きいほど明るい色味になる）
　　　　D：**Silhouette**（塗りの色を変更できる）

A・B・Dのカラー変更

デフォルトカラー

カラー変更後

Cのコントラスト変更

30％Contrast

90％Contrast

🖊GRAPHIC FILTERSでより細かな設定を

　より細かくイラストを調整したい場合は、146ページで紹介した「GRAPHIC FILTERS（グラフィック設定タブ）」から、Blur（ぼかし）、Glow（明るさ）、Brightness（輝度）、Saturation（彩度）、Contrast（コントラスト）などを調整して、自分がイメージするものに変更してみましょう。

5

ステップ3　カメラ設定・時間設定・アニメーション表現設定

　ここで紹介する「カメラ設定」「時間設定」「アニメーション表現設定」の3つを、ナレーション音声を聴きながら、タイミングや見やすさを考慮して、設定していきます。この3つの設定が、ホワイトボードアニメーションの映像演出にあたります。これにより、アニメーションのテンポや印象などが変わりますので、あなたのイメージに合わせて検討してください。
　3つを設定する手順は、それぞれ次の通りです。

伝えたいことをはっきりさせる「カメラ設定」

　「カメラ設定」とは、動画を再生したときに、どの位置に、どのサイズで素材を表示させるかを設定できる機能です。実写の映像でも同じ意味合いを持ちますが、例えば、公園の風景写真で、木々や歩く人々など全体が写っているのと、公園の中の特定の人物が犬を連れて散歩している様子が写っているのと、さらに犬のみが拡大されて写っているのとでは、意味合いが変わりますよね。
　ホワイトボードアニメーションでも同じで、説明したい意味合いや前後の関係によってカメラの位置やサイズを設定します。VideoScribeでは、1つの素材に対して1ポジションのカメラ設定が可能です。

■一画面内にすべての素材を表示
　全体的な情報を紹介したい場合は、配置した要素をすべて見せた状態にカメラ設定すると、伝わりやすいでしょう。

■ 素材の拡大表示と前の素材の一部表示

　全体の中でも１つの要素に着目して紹介したい場合は、その１つを拡大することで表現できます。前後関係がわかるように見せたい場合は、前の素材を画面内に一部見える状態にするとよいでしょう。

１つの要素に着目してほしいとき

前後関係がわかるように見せたいとき

■ 「カメラ設定」の操作手順

01　イラストまたは文字素材を選択し、画面のどの位置に、どのくらいのサイズで表示するか、画面を調整します。

02　カメラ設定のボタンをクリックすれば、設定は完了です（カメラ設定は、複数エレメントを選択した状態でも設定できます）。

１つの素材に対して、現在の位置とサイズで
カメラ調整をした様子

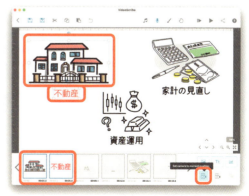

複数素材に対して、現在の素材とサイズで
カメラ調整をした様子

第５章　デジタル版ホワイトボードアニメーションを制作しよう！

✏️ カメラ設定の失敗例

　カメラ設定は、アニメーションにおいて重要です。位置や大きさ、全体の構図などによって、印象が変わります。絵コンテを見ながら、イメージ通りにできているか確認するようにしましょう。ここでは、起こりやすいカメラ設定のミスについて解説します。

■ カメラ設定のミス①：位置やサイズに違和感がある

家のイラストと「不動産」の文字のカメラをこの位置に設定

右側に不自然にスペースが空き、どこに注目させたいのかがわからない

※ただし、構図や演出によっては、この位置で登場する場合もあります

■ カメラ設定ミス②：大きすぎる（アップにしすぎている）

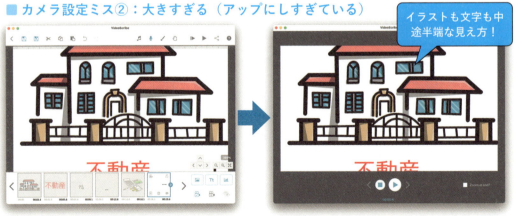

家のイラストと「不動産」の文字のカメラをこの位置に設定

アップにしすぎていて、イラストと文字が画面内に収まっていない

動画のリズムを決める「時間設定」

「時間設定」とは、動画再生時の以下の３つの時間を設定する機能です。

> ① Animate時間（描画時間）：要素が画面上に描画される（表示される）時間
> ② Pause時間（静止時間）：要素が表示されたあとに静止している時間
> ③ Transition時間（移動時間）：次の要素にカメラ移動する時間

これらの時間設定を調整することで、動画の演出やリズムを決めることができます。例えば、素早いアニメーションに設定すると、元気さ・活発さを表現でき、ゆったりとしたアニメーションに設定すると、落ち着きを表現できます。

VideoScribeでは、これらの時間を０秒から300秒の範囲で調整できます。

また、第３章でナレーション原稿に基づいて適切な速度で描画されるように、イラストの複雑さをイメージするよう説明しました。実際の制作においても、イラストが適切な速度で描画されるように調整する必要があります。

はじめは設定に迷うかと思いますので、操作手順とともに、基本的な秒数の目安を紹介していきます。

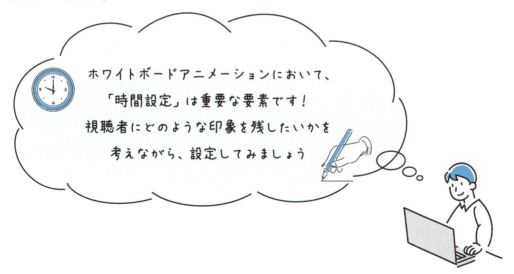

第５章　デジタル版ホワイトボードアニメーションを制作しよう！

■ ①Animate時間：要素が画面上に描画される（表示される）時間の設定

　Animate時間を調整することで、要素が画面上に描かれる速度を変えられます。短い単語やロゴは素早く描画し、複雑な図表はゆっくりと描画すると、視聴者の注目を集めることが可能です。

複雑なイラストを1秒以下に設定してしまうと、早すぎて見ていて疲れてしまいます

- **設定範囲**：0.1秒〜60秒
- **短い単語や小さな画像**：0.5秒〜1秒
- **長い文章や複雑な図**：2秒〜5秒
- **ゆっくりと描かれる効果を出したい場合**：5秒以上

■ ②Pause時間：要素が表示されたあとに静止している時間の設定

　次に、Pause時間を設定して、視聴者が情報を吸収する時間を確保します。

　重要なポイントや複雑な内容には、十分なPause時間を設け、視聴者が理解しやすくすることが大切です。

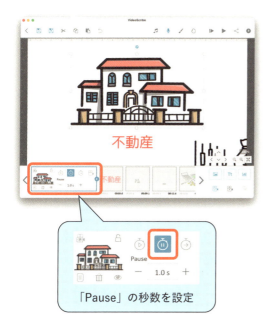

「Pause」の秒数を設定

静止画を見せることも、内容の理解を促すために重要です。また、ナレーションとのバランスを調整するときに、Pause時間を活用してもよいでしょう

- 設定範囲：0秒〜60秒
- 簡単な情報：1秒〜2秒
- 複雑な情報や重要なポイント：3秒〜5秒
- 視聴者に考える時間を与えたい場合：5秒以上

■ ③Transition時間：次の要素にカメラ移動する時間の設定

　Transition時間を調整すると、動画全体のリズムや雰囲気を整えることができます。一般的には0.3秒〜0.5秒のスムーズな移動が好まれますが、場合によってはゆっくりしたフェード効果や瞬間的な切り替えを用いて、適切な雰囲気を演出します。

- 設定範囲：0.1秒〜5秒
- スムーズな移動：0.3秒〜0.5秒
- ゆっくりとしたフェード効果：1秒〜2秒
- 瞬間的な切り替え：0.1秒

　これら3つの時間をうまく組み合わせることで、視聴者の関心を維持しながら、重要な情報をしっかりと伝える動画が作成できます。

　イラストが適切な速度で描画されるように、この設定数値を参考に各要素（イラストや文字素材）の複雑さによって調整してみてください。その後、ナレーションの音声に合うように、映像を微調整して仕上げましょう。

■「時間設定」の操作手順（プロパティから編集する場合）

01 「Element properties（素材のプロパティ）」を開きます。

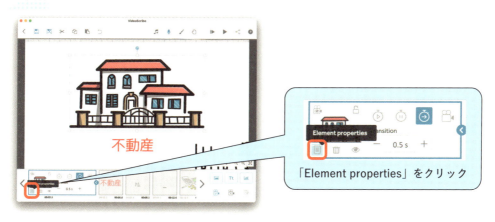

02 プロパティ内の下部にて、左から「Animate」「Pause」「Transition」の時間を設定できます。

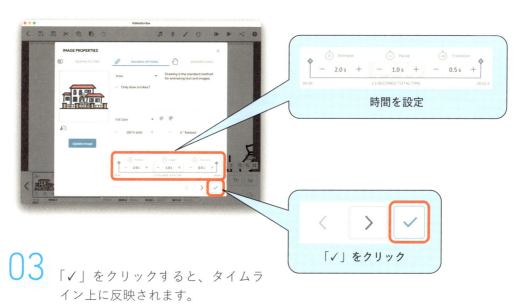

03 「✓」をクリックすると、タイムライン上に反映されます。

✏️ 手で描くだけじゃない「アニメーション表現設定」

　「アニメーション表現設定」とは、素材がどのように動画内に登場するかを設定できる機能です。ペンを持つ手が動く描画過程のアニメーション以外にも、さまざまな表現方法があります。例えば、手で素材を移動させた風に見えるアニメーション（Move in）や、ぼんやりと素材が表示されるアニメーション（Fade in）などです。

　では、設定の手順を見てみましょう。

01

「Element properties（素材のプロパティ）」を開きます。

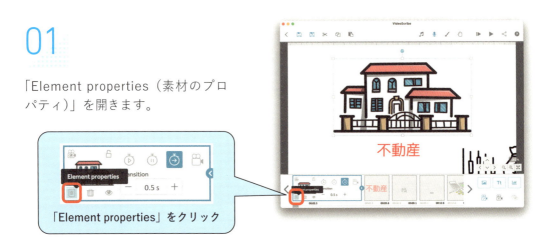

02

「Change the way the image is draw（アニメーションの設定）」の中から、希望のアニメーションを選択します。「✓」をクリックするとタイムライン上に反映されます。

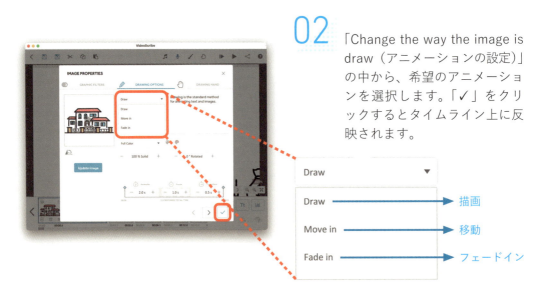

6 ステップ4 "手"の設定
～アニメーションを演出する～

✏️ "手"の設定をする

　VideoScribe内には、男性、女性、モンスター風などいろいろな種類の"手"が用意されており、その"手"が持っているものも、ペンやマーカー、イレイザーなど豊富にあります。その中から、イメージに合ったものを選び、設定しましょう。

■ グローバル設定（全体の設定）

01 動画全体を通して使用する基本の"手"（グローバル設定）を決めます。「Default scribe hand」をクリックします。

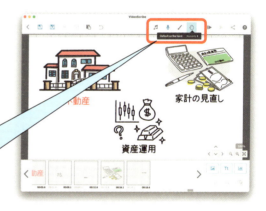

「Default scribe hand」をクリック

02 イメージに合った"手"をクリックすると、基本の"手"（グローバル設定）が決まります。

第5章　デジタル版ホワイトボードアニメーションを制作しよう！　173

■ ローカル設定（一部の設定）

01

特定のイラスト・文字素材のエレメントに対して、グローバル設定とは違う"手"を使用したいときは、個別に設定します。これを「ローカル設定」と言います。
まず、「Element properties」をクリックします。

「Element properties」をクリック

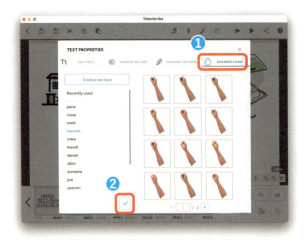

02

「DRAWING HAND」のタブから、"手"を選び、「✓」をクリックすると、ローカル設定されます。
このとき、グローバル設定よりもローカル設定のほうが優先されます。

POINT

　例えば、グローバル設定は、黒いペンを持っている人間の手に設定して、赤い文字素材の部分だけ、ローカル設定で赤いペンを持った人間の手にするという設定が可能です。

グローバル設定は黒いペンを持つ手

ローカル設定は赤いペンを持つ手（赤い文字を書いている様子と合わせる）

7

ステップ 5

BGM設定〜BGM素材を取り込む〜

✏ BGM素材の挿入

　BGMを挿入する方法は、2つあります。1つはVideoScribe内にもともと用意されているBGMを使用する方法、もう1つは自分で用意したBGMのデータをVideoScribeに取り込む方法です。では、具体的な手順を見ていきましょう。

■ VideoScribe内のBGMの挿入

01

編集画面から、「Scribe music」をクリックします。

「Scribe music」をクリック

02

BGM選択画面の中から、好きなBGMを選択し、ボリュームを調整します。

03

「✓」をクリックすれば完了です。

POINT

- BGMは、音量を小さめに設定することをおすすめします。
- VideoScribeでは、ナレーション素材またはイラスト素材があるところまで繰り返しBGMも再生されるようになっています。なお、自動的にフェードアウトされるなどの機能はついていません。もし、フェードアウトなどBGMを編集したい場合は、別途音楽編集ソフトを使用する必要があります。

■ 外部BGMの挿入

01 編集画面から、「Scribe music」をクリックし、「Import MP3（外部ファイル読み込みボタン）」をクリックします（読み込みが可能な形式はMP3のみです。ご注意ください）。

02 フォルダ内にあるBGM素材を選択します。BGMを選択したら、「Open」をクリックします。

03 ボリュームを調整し、「✓」をクリックすれば挿入完了です。

8

ステップ6
出力〜形式を選択して出力する〜

✏️ 形式を設定して出力する

編集作業が終わったら、いよいよ動画データとして出力しましょう。

01 出力ボタンをクリックします。

「Dounlaod publish scribe video」をクリック

02 ダウンロードボタンをクリックします。

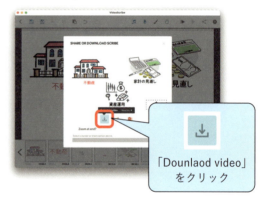

「Dounlaod video」をクリック

03 書き出しの種類を選択できる画面が開くので、そこから自分の用途に合わせて書き出し形式を選択します。

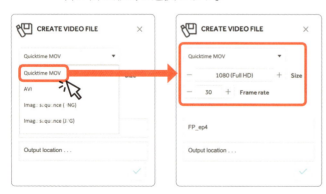

Macの場合
形式：QuickTime MOv
サイズ：1080p
フレームレート：30
がおすすめ！

04 保存先のフォルダを選択し、ファイル名を入力。「✓」をクリックして保存します。

保存先のフォルダを選択

ファイル名を入力して「✓」をクリック

🖊 用途に合わせて書き出し形式を選ぼう

　書き出す際に、形式、サイズ、フレームレートの3つを設定します（前ページ参照）。

　形式とは、ファイルの保存方法のことです。例えば、動画ファイルの場合、MOVやAVIなどがありますが、形式によって動画の画質や対応する再生機器が変わります。Apple製品で再生する場合は「QuickTime MOV」、Windowsの場合は「Windows WMV」を選択するとよいでしょう。AVIデータは非圧縮ファイルのため、ファイルが大きくなる傾向があります。

　サイズとは、動画の解像度のことで、画面の大きさを表します。フレームレートとは、1秒間に表示されるフレーム（静止画）の数です。フレームレートが高いほど動きが滑らかになります。

　サイズとフレームレートのおすすめは、サイズ「1080p（Full HD）」、フレームレート「30」です。

▶ 書き出し形式

形式	Mac：QuickTime MOV、AVI／Windows：Windows WMV、AVI
サイズ	360p（Web/Mobile）、640p（Normal） 720p（Standard HD）、1080p（Full HD）（★おすすめは1080p）
フレームレート	15、20、25、30、35、45、50（★おすすめは30）

第5章　デジタル版ホワイトボードアニメーションを制作しよう！

9 応用編❶ イラスト素材を外部で探す方法

　VideoScribeは、ホワイトボードアニメーション制作のための専用ソフトなので、最初からたくさんのイラスト素材が用意されています。しかし、イメージ通りのイラストがない場合もあるでしょう。そのようなときは、商用利用可能なフリー素材を探すのも1つの方法です。

🖊 イラストACからイラスト素材を用意する

　商用利用可能な素材サイトとして、「unsplash」や「イラストAC」などがあります。「unsplash」はアメリカの企業が運営していますが、「イラストAC」は日本の企業が運営しているため、例えば「お金」のイラストを探すと、日本円に近いデザインのイラストを見つけやすいなどのメリットがあります。

　そこで今回は「イラストAC」からのダウンロード方法を紹介します。

■ イラストACからイラスト素材を探す手順

01 イラストACのサイト（https://www.ac-illust.com）を開きます。

02　検索窓に探しているイラストのキーワードを入力します（例：本）。

03　気に入った画像をクリックし、保存形式を選択してダウンロードします。保存形式は、背景が透過された画像となるPNG画像がおすすめです。

04

保存先のフォルダを選択し、保存します。
保存後のVideoScribeへの取り込み方法は、155ページを参照してください。

第5章　デジタル版ホワイトボードアニメーションを制作しよう！

10 応用編❷ イラスト制作ソフトでカスタムイラストを制作する

　イメージ通りのイラストにしたい、完全にオリジナルのものにしたいということであれば、イラスト制作ソフトで描画するとよいでしょう。手間はかかりますが、自身で描画した書き順通りに描画シーンをVideoScribeでアニメーションにできます。

　今回は「Inkscape」という無料ソフトでの描画方法を説明します。Inkscapeは、ベクター画像をプロフェッショナル品質で作成・編集できるソフトウェアです。OSはWindows、Mac OS X およびGNU/Linuxに対応しています。

　ベクター画像とは、線や形、色などの情報を数式で表現する画像形式です。拡大・縮小しても画質が劣化せず、常に鮮明な表示が可能です。

デジタルイラストにおける基礎知識

　Inkscapeでは、デジタルイラストを作成する際に、ノード（点）を打つことでパス（線）を描いていきます。このノードとノードで結ばれた線のことをセグメントと呼びます。ノードを使ってパスを編集し、形状を細かく自由に調整することができます。

　ノードには、直線や曲線を作成するためのさまざまな種類があります。そして、ノードを追加、削除、移動、結合することで、複雑な図形やパスをつくり出すことが可能です。これにより、デジタルイラストを効率的に作成できます。

出典：https://inkscape.org/

　描いたパスには次ページ図のような操作点があります。

　操作点とは、形状やパスを編集するための点です。点をドラッグすることで、曲線や直線の形状を自由に変更できます。

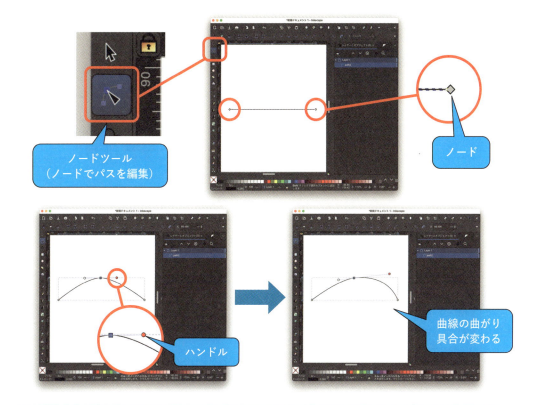

- **ノード（ノードポイント）**：パスの端点や中間点です。ノードを操作して位置を変更することで、パス全体の形状を調整できます。
- **ハンドル（ベジェハンドル）**：曲線の形状をコントロールします。ノードから伸びるハンドルをドラッグしたり、角度を変更することで、曲線の形状を調整できます。

トレース素材（下絵）の挿入

　トレース素材（下絵）を用意すると、描画がスムーズになります。トレース素材は、アナログな方法ですが、紙に描画したものをスマホなどで撮影（スキャン）する、というのが簡単です。または、iPadなどで描画してもよいでしょう。

　イラスト素材サイトで探したイラストをベクター画像にするために、そのままトレースする場合は、トレースしても問題ないか調べたうえで、制作してください。

　では、具体的な手順を見ていきましょう。

01 トレース用の下絵データを用意します（例：紙に描画したイラストを写真撮影し、パソコンに取り込んだ画像）。

02 トレース素材をInkscapeに取り込みます。
Inkscapeを起動し、「ファイル＞インポート＞保存した場所から"下絵"を選択＞開く」の順にクリックします。

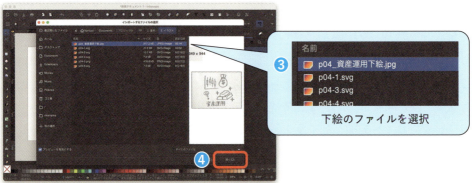

03 レイヤー名をクリックして"下絵"に変更します。

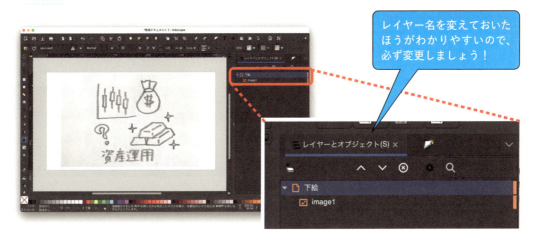

レイヤー名を変えておいたほうがわかりやすいので、必ず変更しましょう！

04 トレース素材の不透明度を下げます。

「＋」「－」「数値」を直接入力して調整できます。または、不透明度のバーをクリックしながら左右に移動させることでも調整できます。

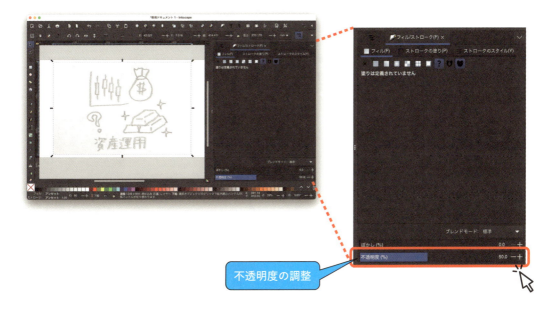

不透明度の調整

05 下絵がズレないように、レイヤーをロックします。「鍵マーク」をクリックすれば、ロックされます。これでトレース素材の準備は完了です。

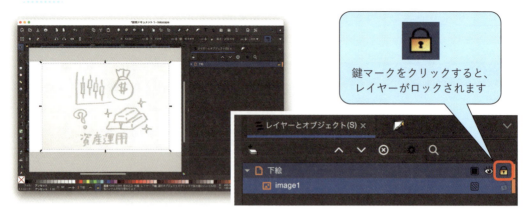

鍵マークをクリックすると、レイヤーがロックされます

🖊 下絵に沿って描画する

　下絵を挿入したら、描画していきます。描画する際、線のみの線画と、線と塗りがあるイラストでは、描画の仕方が少し違います。それぞれの手順を見てみましょう。

■ 線のみの場合

01 「+」をクリックしてレイヤーを追加します。このとき、レイヤーの名前を「線」に変更しましょう。そして、「追加」をクリックすると、「線」という名前のレイヤーが追加されます。

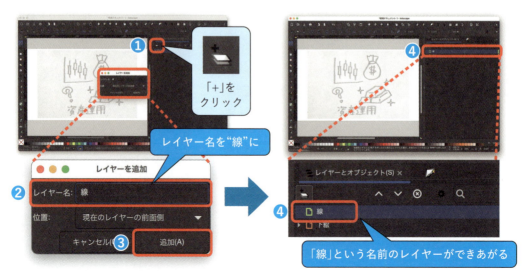

「+」をクリック

レイヤー名を"線"に

「線」という名前のレイヤーができあがる

02

「線」のレイヤーができあがったら、そのレイヤーに描画します。描画ツールは、「ペンツール」と「鉛筆ツール」の2種類があります。ツールの特徴を確認し、操作しやすいツールで描いてみてください。

- **ペンツール**：ポイントを打って曲線を調整し描画する方法
    - **メリット**：ポイントを打つことで、正確な曲線を描くことができる
    - **デメリット**：自然な手書き感の歪みを演出することが難しい
- **鉛筆ツール**：フリーハンドでマウスやペンタブレットを使用し描画する方法
    - **メリット**：手書き感を残しながら自由に描くことができる
    - **デメリット**：歪みも手ブレもパスとして認識するので、手直し調整が多くなる

■ ペンツール

「ペンツール」を選択

❶クリックし、操作点を追加

❷さらに操作点を追加し、移動させると曲線ができる

❸ダブルクリックすると、描画が終了する

第5章　デジタル版ホワイトボードアニメーションを制作しよう！

■ 鉛筆ツール

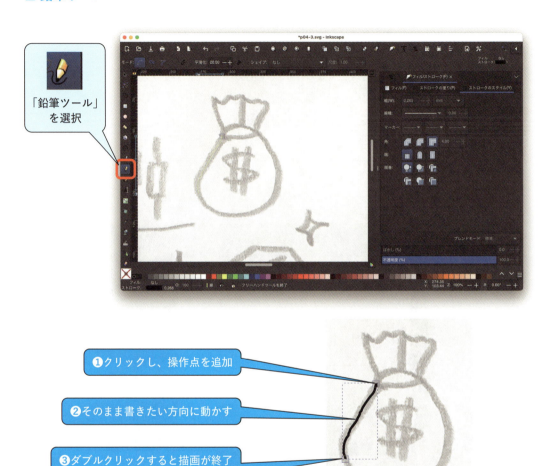

04 線の太さと端の形状を調整します。

線が細く見えづらいときは、「フィル／ストローク」設定で幅を太くしましょう。「角」「端」を丸みを帯びた設定にすると、よりホワイトボードのペンらしさを演出することができます。

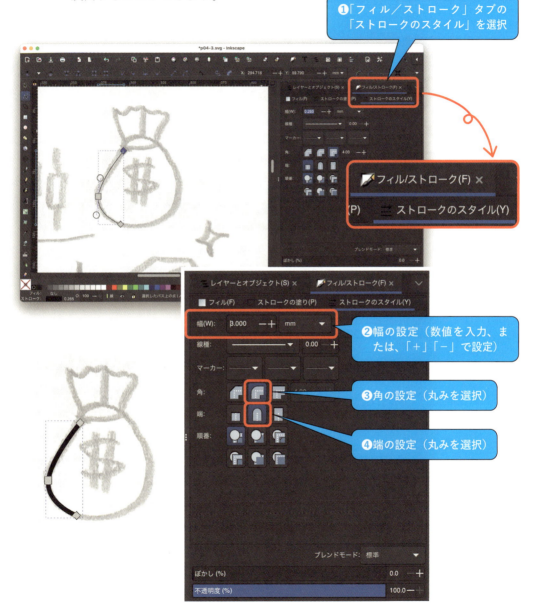

❶「フィル／ストローク」タブの「ストロークのスタイル」を選択

❷幅の設定（数値を入力、または、「＋」「－」で設定）

❸角の設定（丸みを選択）

❹端の設定（丸みを選択）

05

フィル（塗り）は「塗りなし」、描画したストローク（線）は「単一色」であることを確認します。フィル（塗り）を塗りなしに設定するのは、VideoScribe上でエラーなく描画表現するためです。

「フィル／ストローク>フィル>塗りなし」を順にクリック

「フィル／ストローク>ストロークの塗り>単一色」を順にクリック

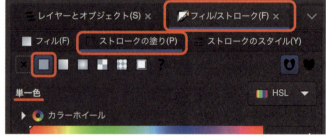

フィル：なし
ストローク：黒
になっていることを確認！

POINT

　完璧なイラストを一度で描けることは、なかなかありません。描き終えたあとに、部分的に線の調整が必要になった場合は、183ページに記載のノードツールを使用して微調整しましょう。

■ 線と塗りがある場合

　イラスト表現として、着色して表現したい場合もあるでしょう。その場合は、着色用のレイヤーとして「塗り」のレイヤーを作成し、「線」のレイヤーと分けておきましょう。これにより、描画のアニメーションが少し変わります。

　線のみの場合は、パスを徐々に書き足していくアニメーションになります。

　線と塗りの場合は、パスが徐々に書き足されたあとに、塗りの部分が一気に表示されるアニメーションになります。

01 レイヤーを2つ作成します。レイヤー名はわかりやすく1つを「線」に、もう1つを「塗り」にします。
レイヤーの順番は上位にあるほうが、イラストでも上に表示されます。「塗り」のレイヤーは「線」のレイヤーより下位に配置しましょう。

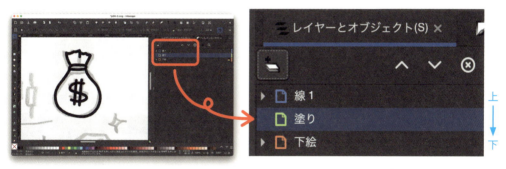

02 線のみのイラストと同様に描画し、フィル（塗り）は「塗りなし」、線のレイヤーのストローク（線）は「単一色」に設定されているかを確認します。

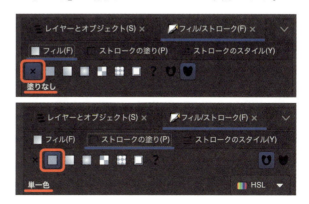

03

着色したい箇所を、線のみの場合と同様に描きます。その際に線のときとは逆に、フィル（塗り）は「単一色」、ストローク（線）は「塗りなし」に設定します。こうすることで、VideoScribe上でエラーなく正しく描画を表現できます。

フィル：黄色
ストローク：なし

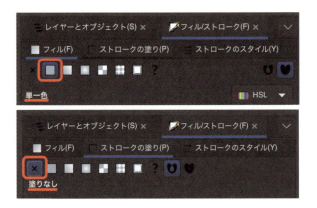

■ 保存する

「ファイル＞保存」をクリックすると、ファイル形式は自動的に「svg」ファイルとして保存されます。

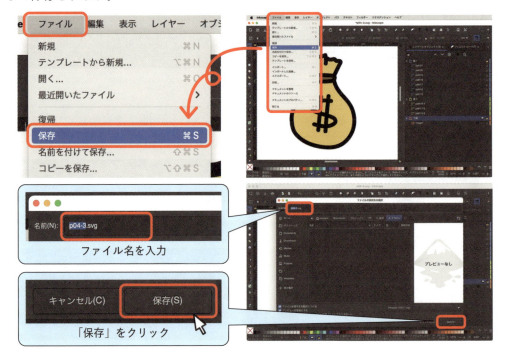

ファイル名を入力

「保存」をクリック

11 応用編❸ ナレーション素材の準備方法

✎ ナレーション素材の準備方法の種類

　本章では、ナレーション素材の収集方法として、「外部サービスに依頼する」「自分でナレーションを収録する」の2つの方法に焦点を絞って紹介します。VideoScribeで読み込める音声データは1つだけで、形式はMP3のみとなるため、収録したナレーション音声データは最終的に必ず1つにまとめる必要があります。

■ 外部サービスに依頼する

　ナレーション初心者の方が自身でナレーション収録するより、プロに依頼するほうが、当然より高品質なホワイトボードアニメーション制作ができます。プロは収録環境（防音室、高性能なマイク、整音調整ができるなど）がとてもよい状態であることが多く、またナレーションで必要な表現力（感情、イントネーション、スピードなど）を習得しているからです。

　外部サービスの中でおすすめのサービスサイトは、「ココナラ」や「クラウドワークス」などです。特徴については、次ページの表を参照してください。

■ 自分でナレーション収録をする

　VideoScribeでは、アニメーション映像を見ながらナレーション収録を行うことが可能です。ただし、一発録りしかできず、整音調整もできません。この方法での収録は難しいため、VideoScribeでのナレーション収録はおすすめできません（2024年10月現在）。

　そのため、別のソフトウェアを使って収録から編集（分割・誤読や不要箇所カットなど）、整音調整（ノイズ除去など）を行いましょう。編集では、アニメーションの動きをイメージしながら"間"をつくり、全体的に調整します。

	ココナラ	クラウドワークス
登録の立ち位置	サービスを買うために登録する	条件を提示し雇う側として登録する
希望のナレーターを見つける方法	各ナレーターが出品しているサンプルを試聴する	自身が条件と雇用の仕方などを登録し、応募してきたナレーターのサンプルを試聴する
違い	自身が探しまわり1人に絞る	応募者から1人を選ぶ
初心者おすすめ	○	△
デメリット	・自分で希望のナレーターが見つかるまで試聴し探すので、時間がかかる ・依頼する立場として、自ら交渉を進めていく必要がある	・雇用する側にも信用（第三者からの評価）と依頼費が見合ってないと応募してもらえるかわからない ・逆に応募者が多くなった場合、取捨選択が大変
コスト	約1,000円〜	自身の提示額（約5,000円〜）

　最後は1つの音声データとしてVideoScribeに取り込みます。

　74ページでVNでの収録方法を説明しましたが、VNでは細かな調整ができません。より本格的なアニメーションをつくりたい場合は、次のオーディオ編集ソフトを使うことをおすすめします。

■ **Adobe Audition（アドビ オーディション）：有料**

　Adobe Auditionはアドビ株式会社のオーディオ編集ソフトです。マルチトラックやプロも使うさまざまな機能も充実しています。有料ソフトなので、本格的に商業用としてホワイトボードアニメーション制作をする方や、自身で高度な整音作業をしたい方には、こちらをおすすめします。

　料金などの詳細は、Adobeのホームページなどで確認してください。

出典：https://www.adobe.com/jp/products/audition.html

■ **Audacity（オーダシティ）：無料**

　Audacityは無料で使える音声収録・編集ソフトです。収録、補正、ピッチ補正、エコー、リバーブ、ノイズ除去といった編集も可能です。はじめてナレーション収録する方の場合、実際にやってみると、吐息や生活音などのノイズが多く、聞き取りづらい音声になる可能性があります。Audacityは無料ソフトでありながら、ノイズ除去ができたり、マルチトラックのため、とてもおすすめです。

　オフィシャルサイトよりダウンロードの上、ご利用ください。

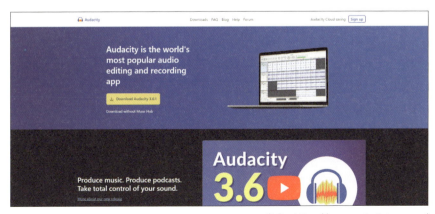

出典：https://www.audacityteam.org/

■ マイクの選定

　Audacityでノイズ除去などの編集は可能ですが、聞き心地のよいナレーションにするには、マイクを準備するほうがよいでしょう。

　マイクには、大きく分けて2つの種類があります。

> ・**ダイナミックマイク**：狭い範囲の音を拾うことや、丈夫なことが特徴
> ・**コンデンサーマイク**：広い範囲の音を拾うことやリアリティがあることが特徴

　ナレーション収録の場合は、コンデンサーマイクがおすすめです。通常のコンデンサーマイクは値段が高いですが、最近ではUSB型のコンデンサーマイクもあり、安価に入手できるようになりました。

　ナレーション収録に最適なコンデンサーマイクを選ぶ際は、マイクの指向性に注目しましょう。単一指向性マイクがおすすめです。

▶ **マイクの指向性**

指向性 （音を捉える範囲）	単一指向性	双指向性	全指向性
内容	・前方の音を拾う ・ノイズが入りにくい	前後の音を拾う	・全方位からの音声を拾う ・ノイズが入りやすい
使用例	ナレーションや歌	ラジオ	グループディスカッション
おすすめ	○	△	×

12 応用編❹ ナレーション素材の収集方法

　アニメーション制作においては、イラストだけでなく、ナレーションも動画のクオリティーを左右する重要な要素です。ホワイトボードアニメーションを視聴する方にとって、"目で見る"のと同じくらい"耳で聞く"が重要となりますので、雑音は取り除いたきれいな音声を届けましょう。

自分でナレーションを収録する

　実際に収録してみると、一発ですべてのナレーションを収録し終えるのは難しいということがわかるでしょう。78ページの収録の際に意識すべきポイントを確認した上で、収録に臨んでください。

■ Audacityを使ったナレーション収録の方法

　ここでは、パソコンにUSB型コンデンサーマイクを接続して、Audacityを使ってナレーション収録を行う方法を解説します。

01 Audacityを開き、編集画面のマイクの項目をクリックして、マイクが接続されているか確認します。

「外部マイク」に「✓」が入っているかを確認

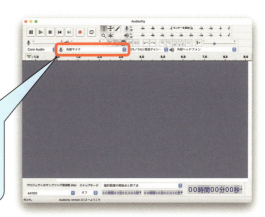

02

「●ボタン」をクリックすると録音が開始されます。停止する際は「■ボタン」をクリックします。慣れるまでテスト収録してみるとよいでしょう。その際は収録した音声を再生し、マイクとの距離感は適切か、環境音が邪魔をしていないかなどを確認してください。

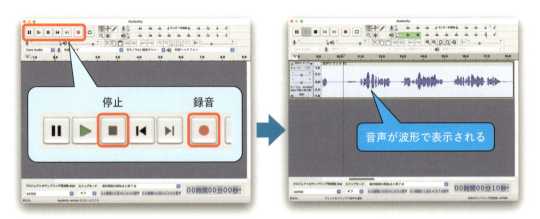

03

本番収録を開始してから5秒〜10秒程度、環境音だけの収録を行います（のちほどノイズリダクションにて使用します）。

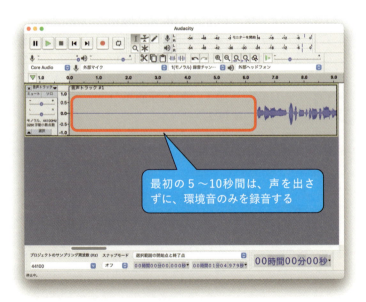

04　ナレーション原稿を読み上げて、どんどん収録していきましょう。読み間違えても、編集でカットできるので、間違えた時点で数秒「間」を空け、落ち着いて間違えた文の最初から読み直します。
　原稿を読み上げるときには、「間」を考える必要はありません。「間」は、編集するときに調整します。

■ 音量調整（ノーマライズ）

　「ノーマライズ」とは、音声データを適正な音量に整えたり、複数の音声データの音量を統一することです。これにより、再生中の音量差がなくなり、音声がよりクリアに聞こえ、複数のトラック間のバランスもよくなります。

01　音声データをすべて選択し、メニュータブから「エフェクト＞ノーマライズ」を選択します。

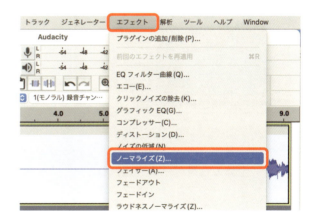

02　最大振幅をノーマライズを「−3.0dB」に設定します。これで、音声データとして聞きやすいレベルへ音を引き上げることができます。

「−3.0ｄB」に設定し、「OK」をクリックすると、ノーマライズされる

第5章　デジタル版ホワイトボードアニメーションを制作しよう！

■ **ノイズリダクション**

「ノイズリダクション」とは、音声データがない部分の環境音をサンプルとして、音声データ全体から環境音を取り除くことです。ノイズリダクションを行うことで、ノイズが削減され、聞き取りやすいクリアな音声データになります。

01 本番収録開始後5秒～10秒程度、環境音のみの収録を行いました。その部分を選択し、メニュータブから「エフェクト＞ノイズの低減」を選択します。

02 ノイズの低減設定画面内の「ステップ1」の「ノイズプロファイルの取得」をクリックします。

03 全体の音声データを選択し、メニュータブから「エフェクト＞ノイズの低減」を選択します。

04 ノイズの低減設定画面内の「ステップ2」を確認し、数値はデフォルト（12dB）のまま「OK」をクリックします。

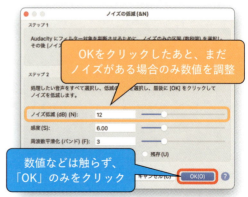

■ **不要な箇所をカットする**

　ナレーション収録で読み間違えた箇所や、不要な箇所は編集でカットします。

　カットすべき不要な箇所とは、吐息や環境音が入っている箇所、読み間違えた箇所、長時間の無音の箇所です。

　カット方法として「範囲を選択して削除する」「範囲を分割して削除する」「範囲を無音化する」という３つの方法があります。カット方法によって音声データの状態が変わります。そのため、例えばクリップ数を減らしたい場合は、音声データが１つのまま調整できる方法を使い、全体の長さを変えたくない場合は、自動で詰められない方法を選んでください。

〈範囲を選択して削除する場合〉

　削除部分が自動的に詰められるため、全体の長さ（尺）も短くなります。この方法で削除した場合、音声データは１つのままです。

01

不要な箇所の範囲のはじまりを左クリックしながら終わりまで移動させ選択します。

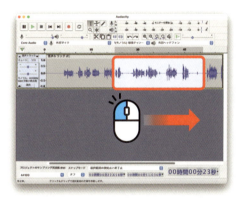

02

キーボードの「Deleteキー」で削除します。

第５章　デジタル版ホワイトボードアニメーションを制作しよう！

〈範囲を分割して削除する場合〉

　この方法で削除した場合、削除部分が空白となり、全体の長さ（尺）は変わりません。ただし、音声データは分割されます。

01　分割したい箇所をクリックしバーを合わせます。

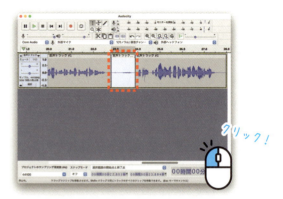

02　「編集＞クリップの境界＞分割（⌘（Ctrl）＋I）」の順に選択します。

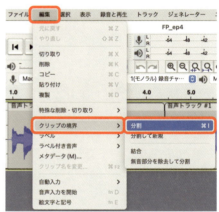

03　始まりと終わりを分割した音声データをクリックし、選択された状態で「deleteキー」で削除します。

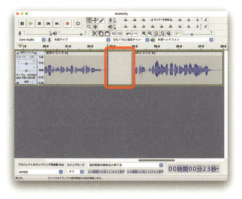

〈範囲を無音化にする場合〉

　この方法で削除した場合、削除した部分の音量が0となり、全体の長さ（尺）も変わりません。音声データは1つのままです。

01　不要な箇所の範囲の始まりを左クリックしながら終わりまで移動させ選択します。

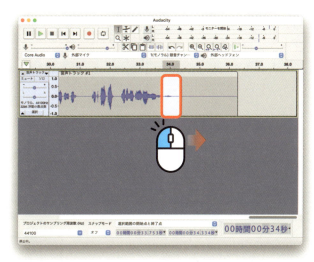

02　「無音」ボタンをクリックして、削除します。

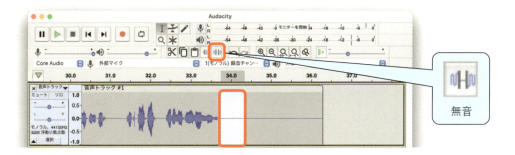

■ 間合いを調整する

　間合いをつくるとは、主にナレーション原稿の一文単位で分割し、音声データと音声データの間に無音部分をつくることです。間合いによって、動画全体のテンポ感や見やすさが変化します。感覚的な話にはなりますが、絵コンテのイラストとナレーション原稿を見ながら、アニメーション表現を想像した上で「間」をつくり上げましょう。

01

音声データの「間」が必要な箇所をクリックします。

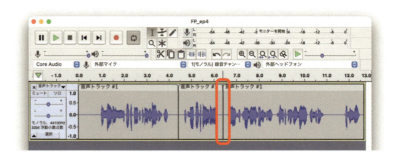

02

「編集＞クリップの境界＞分割（⌘（Ctrl）＋I）」の順にクリックします。

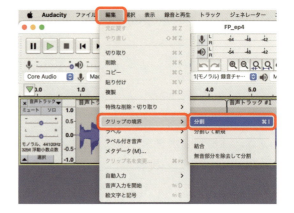

03

音声データをクリックし、左右に移動させて配置します。音声データがない部分が「間」となります。

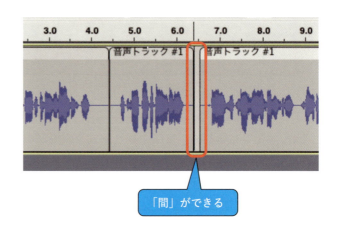

「間」ができる

■ 出力する

　現在、VideoScribeではMP3形式の音声ファイルのみ取り込みが可能です。出力の際はMP3形式を選択し出力しましょう。

01

「ファイル > 書き出し」をクリックします。

02

「MP3として書き出し」を選択し、OKをクリックすると出力されます。

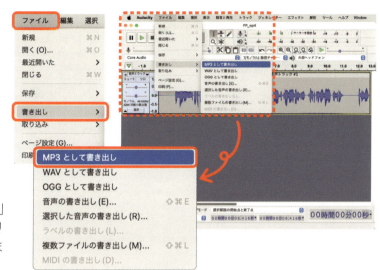

■ 外部サービスに依頼したナレーションデータを編集する

　外部サービスに依頼をしても、希望の間合いまでを指示して収録してもらうことは難しいでしょう。自身でナレーション収録をした場合と同様に、間合い調整の作業は自身で行ないます。

01　Audacityを開き、「ファイル > 取り込み > 音声の取り込み」の順に選択します。

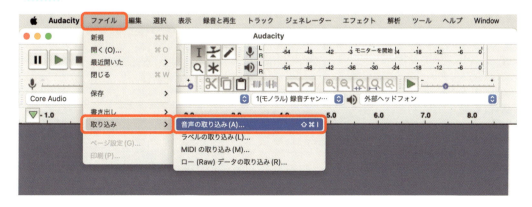

02 該当のファイルを選択し、「開く」をクリックします。

03 音声データが取り込まれます。

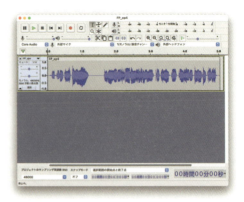

04 204ページと同様に間合いを編集し、205ページと同様に音声データを出力します。

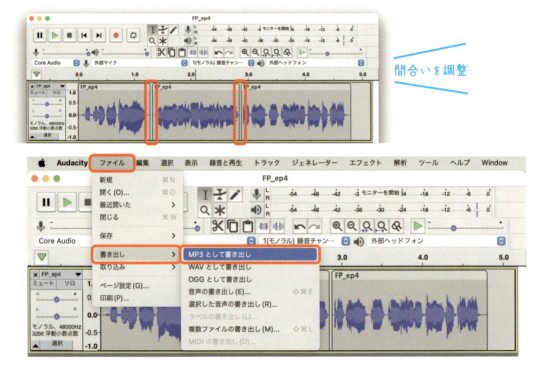

間合いを調整

13

応用編❺

BGM素材の準備方法

　BGM素材を探すタイミングは、アニメーション編集とナレーション編集が完了したあとがおすすめです。そのほうが、アニメーションの内容に沿ったBGMを選ぶことができます。

　ここでは、デジタルアセットプラットフォームである「Audio Stock（オーディオストック）」からBGM素材をダウンロードし、編集する方法を簡単に説明します。

　Audio Stockは音楽や効果音を提供するライブラリで、初心者にも使いやすいです。プロのミュージシャンが作成した高品質な音源が多く揃い、検索機能とプレビュー機能で簡単に見つけられます。月額や年額のサブスクリプションプランがあり、無料トライアルも利用可能です。Audio Stockで最適な音源を見つけ、制作のクオリティーを向上させましょう。

▶ **Audio Stockのトップページ**

出典：https://audiostock.jp/

また、料金は次の通りです（2024年9月現在）。

料金（年間一括払い）
- 動画配信者プラン：858円／月
- スタンダードプラン：2,365円／月

自身で配信する場合は、「動画配信者プラン」でも十分です。受注して制作する場合は、「スタンダードプラン」を選択しましょう。単品購入については、オフィシャルサイトでご確認ください。

■ AudioStockからBGMを探す

01 BGMタブを開きます。検索窓にキーワードを入力するか、カテゴリを選択して検索します。

02

気になった音源を試聴します。

「▶」をクリックすると試聴できる

03

気に入った音源のダウンロードページへ進みダウンロードします。形式は、MP3を選択してください。

必ずMP3を選択！

■ AudacityでBGM素材を編集する場合

　Audacity内の機能で、フェードイン・フェードアウトの設定や、ボリューム調整、動画の長さに合わせた素材のカットなどの作業が可能です。手間はかかりますが、少しの作業でクオリティーが上がるので、BGMデータをそのまま使用するのではなく、Audacityを使って編集することをおすすめします。

　特に「フェードアウト」を使用する場合が多くあるため、操作方法を紹介します。

01

音声データの中のフェードアウトしたい範囲を選択し、「エフェクト > フェードアウト」の順にクリックします。

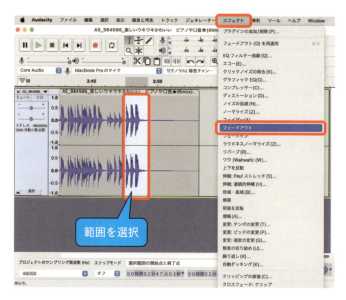

02

選択した範囲が、フェードアウトになるように調整されます。

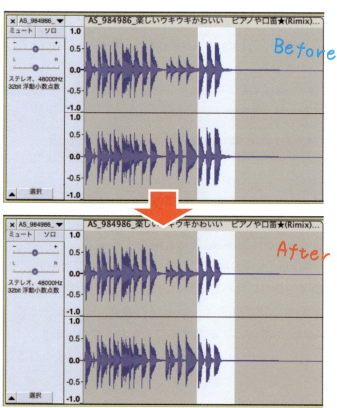

■ **動画編集ソフトを使用したBGM素材編集**

　Macであれば「iMovie」、Windowsであれば「フォト」という動画編集ソフトが、パソコンに無料でインストールされています。これらを使って、BGMを編集することも可能です。新たにソフトをインストールする手間がない分、簡単です。

　これ以外でも、尺調整とフェードアウトの作業ができれば、どんなソフトを使用してもかまいません。

　ただし、これらの動画編集ソフトを使用した場合、先にVideoScribeからQuickTime MOV形式で出力し、それを動画編集ソフトに取り込み、編集したBGM素材と組み合わせて最終的なホワイトボードアニメーションの動画データとして出力するという流れになります。

出典：https://www.apple.com/jp/imovie/

出典：https://apps.microsoft.com/detail/9wzdncrfjbh4?hl=ja-jp&gl=JP

読者特典
サンプルデータのダウンロード方法

　本書で紹介したシナリオと絵コンテのサンプルデータをダウンロードすることができます。また、参考動画もご覧いただけます。
　インターネットに接続し、アドレスバーに下記ＵＲＬを入力してください。

サンプルデータのダウンロードＵＲＬ

https://www.zebracreate.com/book/

＊入力はすべて「半角英数字」で行ってください

🎁 ダウンロードコンテンツ

- シナリオサンプル
- 絵コンテサンプル
- シナリオテンプレート
- 絵コンテテンプレート

▶ 閲覧可能な参考動画

- アナログ版ファイナンシャルプランナーAさんの自己紹介動画
- デジタル版ファイナンシャルプランナーAさんの自己紹介動画
- VideoScribe操作解説動画

※ URL入力の際は、半角・全角等ご確認いただき、お間違えないようご注意ください。
※ 本ファイルに起因する不具合に対しては、弊社は責任を負いかねます。ご了承ください。
※ 本ダウンロードサービスに関するお問い合わせは、弊社ホームページの「お問い合わせ」フォームよりお願いいたします。https://www.njg.co.jp/contact/
※ 本ダウンロードサービスは、予告なく終了する場合がございますので、ご承知おきください。

巻末付録

テンポ感が抜群な自己紹介動画

● ホワイトボードアニメーションのプロモーション動画

▶ 目的：自己紹介
▶ ターゲット：動画を使って情報を伝えたい個人や企業
▶ レイアウト：紙芝居型

https://www.youtube.comwatch?v=6ta2nrQ3hzo

● 構成要素

1. **つかみ**：ホワイトボードアニメーションの特徴を、軽快でユーモラスに伝える
2. **手段の描写**：複雑な情報を順序立てて、ストーリー形式で解説できることを伝える
3. **効果の提示**：視覚的に理解しやすく、視聴者を飽きさせず、興味を持続させる効果を説明
4. **CTA**：社名を押し出しながらも、"あなたの物語" というワードで感情に訴えかける

> **POINT**
> 映像表現としてはシンプルだが、ナレーションに抑揚があり、テンポよく最後まで視聴することができる。また、抽象的な言葉を適当なイラストで表現していて、イメージしやすい動画になっている。

ダイナミックなカメラ移動で一目瞭然な広告動画

● マグカップのサブスク広告

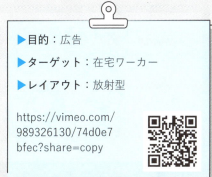

▶目的：広告
▶ターゲット：在宅ワーカー
▶レイアウト：放射型

https://vimeo.com/989326130/74d0e7bfec?share=copy

● 構成要素

1. つかみ：在宅勤務のストレスや体調不良に共感を呼びかける
2. 問題提起：在宅勤務による不調やストレスの問題を指摘
3. 解決策の提示：マグカップのサブスクサービスを具体的な解決策として紹介
4. 手段の描写：サービスの内容(AIによる好みの判定、専用ボックスからの受け取り)を説明
5. 効果の提示：「疲れはリフレッシュの機会損失から」という言葉で、サービスがデスクワークの潤いに貢献することを説明
6. CTA：「マグカップを変えてみませんか？」とサービス利用を促す

POINT

問題提起に対する回答が見えやすいレイアウトになっている。カメラ移動や拡大縮小を繰り返すことで、シンプルなイラストもダイナミックに見えて飽きない。

Sample 3 シーン展開が魅力的な広告動画

● **GLOBIS 学び放題　紹介ダイジェスト**

▶目的：広告
▶ターゲット：スキルアップしたいビジネスパーソン
▶レイアウト：紙芝居型

https://youtu.be/BtFS3mjsLjk?si=wZePt_MzEP0IQuRA

● **構成要素**

1. **つかみ**：ビジネス学習における、はじめの一歩や学ぶべき内容が不明なことを提示し、視聴者の関心をひく
2. **問題提起**：ビジネスシーンの連携の難しさや課題意識のばらつきがあることを提示
3. **ストーリーテリング**：自身の志の重要性を強調し、視聴者の感情に訴えかける
4. **解決策の提示**：GLOBIS 学び放題の多様な学習スタイルと実例を紹介
5. **効果の提示**：GLOBIS 学び放題を利用することで新たな視点を得られることを説明
6. **CTA**：メッセージでサービスの利用を促す

POINT

　視聴者が抱える問題を提示し、その答えがサービスと一致していることを表現している。画面移動した先に具体例を示すという、ホワイトボードアニメーション特有の表現方法を使用し、印象的なものになっている。動きや表情の変化などからはもちろん、各シーンでBGMを転調させることで、メッセージがわかりやすい動画になっている。

Sample 4 ビジュアルとストーリーで複雑な情報をクリアに伝える説明動画

● 動画マーケティングのHHH戦略とは？

▶ 目的：説明・解説
▶ ターゲット：マーケティング担当者
▶ レイアウト：紙芝居型

https://www.youtube.com/watch?v=TB9JE3SOQrg

● 構成要素

1. **明確な前提**：「3H戦略」がGoogleによって提唱されたフレームワークであると紹介
2. **問題提起**：高橋さんという人物が動画マーケティングの成果に悩んでいる現状を説明
3. **解決策の提示**：「Hero」「Hub」「Help」の3つのコンテンツタイプがあることを紹介
4. **手段の描写**：「Hero」「Hub」「Help」の具体的な説明
5. **効果の提示**：適切な戦略がどう成果に繋がるかを示す
6. **ストーリーテリング**：高橋さんが3H戦略を実践し、成功する様子を物語で紹介

POINT

主人公（高橋さん）1人に焦点を当ててストーリー展開しているため、わかりやすい。陥りやすい失敗談が、共感できるエピソードとなっており、それが視聴者に動画見るべき理由を与えている。また、シーンが変わってもレイアウトがつながっているので、どの説明をしているかがわかりやすい。

Sample 5 ストーリーが秀逸な説明動画

● 行動経済学シリーズ！ ファンベースって何？

▶目的：説明・解説
▶ターゲット：業績不振やマーケティング戦略に悩んでいる人
▶レイアウト：紙芝居型

https://www.youtube.com/watch?v=SBCUOMLQOoY

● 構成要素

1. **明確な前提**：昨今のマーケティング事情と「ファンベース」という考え方を紹介し、視聴者にテーマを理解させる
2. **問題提起**：片桐さんという人物が、業績不振に悩んでいる現状と、現行のアプローチ方法の限界を提示
3. **意図**：片桐さんがマーケティング戦略に迷い、解決策を模索している姿を示し、視聴者に共感を促す
4. **解決策の提示**：ファンベースを実践する具体的な方法を紹介
5. **効果の提示**：ファンベースのアプローチがいかに業績向上に寄与するかを示す

POINT

　この動画は、片桐さんが悩み、兄が答えるという対話形式で構成されている。具体的な数字を示すことで、ファンベースの考え方の重要性が伝わる動画になっている。シンプルでありながら情景が伝わる映像表現になっていて、視聴者が共感できる。

1メッセージを極めた教材動画

● バンドワゴン効果とアンダードッグ効果

▶目的：説明・解説

▶ターゲット：ビジネススキルを学びたい人

▶レイアウト：紙芝居型

https://youtu.be/-Y4jFxvPDSs

● 構成要素

1. 問題提起：上田さんが自社商品のプロモーションに悩んでいる現状を説明
2. 解決策の提示：バンドワゴン効果とアンダードッグ効果を利用することを提案

POINT

　この「バンドワゴン効果とアンダードッグ効果」の紹介のための動画は、全部で8つあり、こちらはそのうちの1つ。1動画1メッセージにすることで、情報がシンプルになり、理解を促進できる。悩む人と教える人の対話形式で、状況説明がなされているため、順を追って理解しやすい。

GLOBIS 学び放題での活用事例

　GLOBIS 学び放題とは、株式会社グロービスが運営している動画学習サービスです。ビジネスに関する基礎知識からIT・DX、デザインまで、幅広く学ぶことができます。GLOBIS 学び放題の初級コースでは、ホワイトボードアニメーションを効果的に活用。難解なビジネス用語や複雑な概念を、親しみやすいイラストでわかりやすく解説しています。経営戦略や財務分析といった内容も、シンプルで魅力的なアニメーションで視覚化されることで、学習者は楽しみながら効果的に学べます。このホワイトボードアニメーションという手法は、学習意欲の向上や継続的な学習の促進につながっていると考えられ、オンライン学習の新たな可能性を示しています。

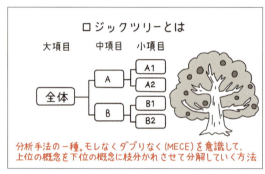

ロジックツリー
〜物事を把握する「分解」の考え方〜

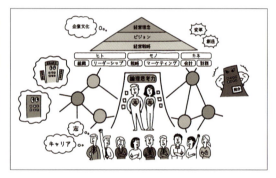

ビジネスの全体像ってどうなってるの？

ディープラーニング
〜機械学習がもたらすビジネスの可能性〜

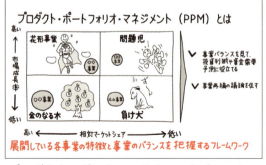

プロダクト・ポートフォリオ・マネジメント
〜事業の位置づけを理解する〜

大田区環境清掃部環境計画課での活用事例

　大田区環境清掃部環境計画課では、環境問題の普及啓発活動を行っており、その１つとして、ホワイトボードアニメーションを採用しています。

　新型コロナウイルスの影響で、従来の体験型イベントが中止となる中、新たな啓発方法として、幅広い年齢層に訴求し、最後まで視聴してもらえる動画形式として、ホワイトボードアニメーションに白羽の矢が立ったのです。動画は、大田区公式チャンネル（YouTube）で公開されており、好評を博しています。

　「環境問題」という、少し重いテーマを子どもでも理解できるようにわかりやすく、興味をひくようにイラストスタイルを工夫した内容になっています。大田区では、「一人でも多くの区民の方々が環境に配慮した行動を起こすきっかけになれば」と期待を寄せています。

大田区公式チャンネル
～人気コンテンツになっている～

大田区ホームページ
～環境問題とは？について～

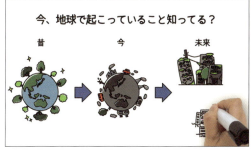

【アニメで解説】５分で分かる環境問題
～みんなで守ろう地球の未来～

オンラインイベント掲載
～区主催のワークショップ～

おわりに

　本書をお読みいただき、ありがとうございます。ホワイトボードアニメーションづくりについて、ご理解いただけましたでしょうか。
　ホワイトボードアニメーション制作の上達には、たくさんの作品をつくることが大切です。まずは、ショート動画を作成し、SNSに投稿してみてください。ご家族やお友達へのプレゼントとして、ちょっとした作品をつくるのもよいでしょう。そして、いつかは、あなたの作品を見た誰かが、制作を依頼してくるかもしれません。
　一人でも多くの方が本書を通してホワイトボードアニメーションを制作し、その可能性を感じていただければうれしいです。

　制作のやり方に決まったルールはありません。しかし、何の手がかりもなく未知の海を航海するのが難しいように、何も指針がない状態から作品をつくり出すのは困難なものです。本書は、その航海における羅針盤のような役割を果たすでしょう。ですから、まずは本書という羅針盤を頼りに、制作という航海を始めてみてください。きっと、そこからあなたなりの航路を見つけ出していけるはずです。

　最後に、ご協力いただいた神田愛さんに特別な感謝の意を表したいと思います。彼女のおかげで本書が完成したと言っても過言ではないほど、あらゆる面でご協力いただきました。また、この場をお借りして、関係者のみなさまに心より御礼申し上げます。
　本書が、あなたのホワイトボードアニメーション制作の一助となれば幸いです。創造力を存分に発揮し、独自の表現方法を見つけ出してください。あなたの制作活動が実り多きものとなることを願っています。

2024年10月　　　　金井雄三

金井雄三（かない　ゆうぞう）
ゼブラクリエイト株式会社代表。
神奈川県横浜市生まれ。大学卒業後、ニュージーランドでの仕事と生活を5年間経験。帰国後、28歳でITエンジニアに転身。33歳でベルギーへ。15年間滞在し、主に日系通信会社に12年勤務。2011年ホワイトボードアニメーションと出会い、副業を開始。需要増加で2016年独立、翌年法人化。2019年帰国し制作会社経営。専門スクール運営。国内外の経験を活かし、さまざまなアニメ動画を普及中。

心をつかむ動画が誰でも簡単につくれる！
はじめてのホワイトボードアニメーション
2024年11月20日　初版発行

著　者　金井雄三　©Y.Kanai 2024
発行者　杉本淳一

発行所　株式会社 日本実業出版社　東京都新宿区市谷本村町3-29 〒162-0845
　　　　編集部　☎03-3268-5651
　　　　営業部　☎03-3268-5161　振　替　00170-1-25349
　　　　　　　　https://www.njg.co.jp/

印刷・製本／中央精版印刷

本書のコピー等による無断転載・複製は、著作権法上の例外を除き、禁じられています。内容についてのお問合せは、ホームページ（https://www.njg.co.jp/contact/）もしくは書面にてお願い致します。落丁・乱丁本は、送料小社負担にて、お取り替え致します。

ISBN 978-4-534-06143-0　Printed in JAPAN

日本実業出版社の本

下記の価格は消費税(10%)を含む金額です。

簡単だけど、すごく良くなる77のルール
デザイン力の基本

ウジトモコ
定価 1650円（税込）

累計65万部のシリーズ最新作。よくやりがちなダメパターンを避けるだけで、ノンデザイナーでもプロのデザイナーの原理原則が身につく！

その場で「聞く・まとめる・描く」
グラレコの基本

本園大介
定価 2200円（税込）

メモ・企画・1on1・会議・イベント──「絵」で理解が深まり「場」が盛り上がる！　10,000人が学んだ超かんたんメソッドを大公開。絵心に自信のない人でもスラスラ描ける！

最速で結果を出す
「SNS動画マーケティング」実践講座

天野裕之
定価 2420円（税込）

SNS後発組でもまだ間に合う！　「ショート動画」「各種ライブ」「SNSの掛け合わせ」で売れる仕組みを初公開。SNSから3億円以上を売り上げた現役のプロが伝授します。

やりたいことがぜんぶ叶う
インスタ発信の教科書

亀山ルカ
定価 1870円（税込）

仕事や自己実現につながるInstagramの始め方・続け方を、人気インスタグラマーが伝授！　自分らしく楽しみながら仕事につながるインスタ発信のノウハウを解説。

定価変更の場合はご了承ください。